Original illisible

NF Z 43-120-10

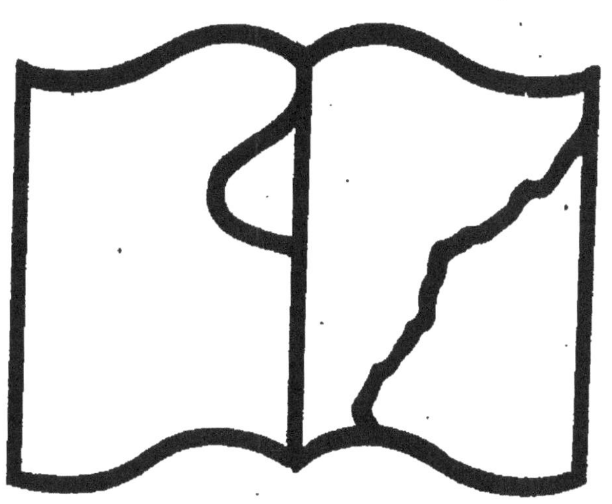

Texte détérioré — reliure défectueuse

NF Z 43-120-11

"VALABLE POUR TOUT OU PARTIE
DU DOCUMENT REPRODUIT".

FONTFROIDE

IMPRESSIONS

SOUVENIRS et RÉFLEXIONS

PAR

P.-E. S.

Prix : **2** fr. — Franco : **2** fr. **50**

CARCASSONNE

Imprimerie A. GABELLE, rue Barbès, 5

—

1901

FONTFROIDE

IMPRESSIONS

SOUVENIRS et RÉFLEXIONS

PAR

P.-E. S.

CARCASSONNE

Imprimerie A. GABELLE, rue Barbès, 5

—

1901

A LA MÉMOIRE

DE MA SOEUR

PAULINE SARRUT

DÉCÉDÉE PIEUSEMENT A CARCASSONNE

LE 6 JUILLET 1899

A L'AGE

DE 61 ANS

PRÉFACE

Un moraliste a dit : « Tout homme doit être auteur, si non de *bons ouvrages*, au moins de *bonnes œuvres* » (1).

Cette pensée si profonde et si judicieuse me revient en mémoire au moment de livrer à l'impression les quelques pages renfermées dans ce volume.

Loin de moi, certes, la pensée d'avoir fait un « *bon ouvrage* » dans le sens strict et rigoureux que l'on est convenu d'attribuer à ces mots, c'est-à-dire un livre irréprochable et *parfait* au point de vue littéraire, scientifique et doctrinal;

---

(1) Joubert. *Pensées*, édit. 1888, T. II, p. 73.

je ne suis pas un littérateur de profession.
encore moins un savant, moins encore un
théologien : mes faibles efforts et mes bonnes
intentions ne vont pas jusques là ; mais j'ai la
conviction d'avoir fait, dans la mesure de mes
forces, une « *bonne œuvre* » en présentant au
public les «*Impressions, Souvenirs et Réflexions*»
qui me sont venus à l'esprit, durant les quelques
jours, passés, à une époque déjà un peu éloignée,
dans l'intérieur de l'antique et célèbre Monastère
de *Notre-Dame de Fontfroide*. Puissent les
quelques lignes que je consacre à ce sujet,
contribuer à faire connaître, aimer et estimer
davantage cette pieuse et sainte retraite !

Comment ce livre, que j'expose aujourd'hui
aux morsures acerbes de la critique, a-t-il vu le
jour?... Voici :

Ayant eu l'heureuse fortune, au mois d'Octobre
1892, d'aller passer une semaine entière à
l'Abbaye de Fontfroide, je me rencontrai là
avec un jeune et charmant militaire qui, sous
les allures et l'habit d'un soldat du 22e régiment
d'infanterie, cachait un véritable Religieux, un
vrai Moine, un *Trappiste de Notre-Dame
d'Aiguebelle*. Cette rencontre toute fortuite et

inattendue me suggéra naturellement certaines réflexions sur la « *loi militaire* » appliquée maintenant aux ecclésiastiques et aux moines et, par suite, sur les institutions religieuses en général. Je formai dès lors le dessein de consigner ces observations par écrit et de les approprier en un cadre particulier, que j'intitulerais : « *Fontfroide. — Impressions, Souvenirs et Réflexions.* »

Des personnes d'une haute et incontestable compétence, ayant jeté les yeux sur les diverses notes que j'avais rédigées, me conseillèrent et m'engagèrent *vivement* à les faire imprimer, estimant que leur publication pourrait être de quelque utilité pour la masse des catholiques, des laïques *surtout*, parfois un peu ignorants de ces matières, mais toujours de *bonne foi* et sérieusement désireux de s'instruire.

Pour des raisons d'ordre tout à fait intime, je ne crus pas alors le moment venu de déférer à leur invitation ; aujourd'hui les choses ont changé ; des circonstances nouvelles se présentent et m'engagent à faire ce que je ne jugeai pas à propos d'exécuter, il y a quelques années ;

voilà pourquoi cet opuscule fait, *en ce moment*, son apparition sur la scène de ce monde.

Commencé en 1892, ce récit a été revu et corrigé, diminué ou augmenté à différentes reprises : j'ai retranché des passages qui pouvaient paraître hors de saison et ne plus offrir le moindre intérêt ou plutôt, ce qui est *pire*, ne constituer que des longueurs et des inutilités ; d'un autre côté, j'ai ajouté beaucoup de détails qui m'ont paru devoir intéresser plus directement le lecteur : voilà pourquoi l'on pourra trouver dans le cours de ce petit volume, l'énoncé *de faits* et même l'*apparition de personnages* postérieurs à l'année 1892.

Dans la révision définitive que je viens de faire de mon ouvrage, sans rien changer au sens des idées (attendu que mes sentiments et mes opinions n'ont *jamais* varié), j'ai pourtant ajouté quelquefois des détails et des dates, fruit de mes études et de mes recherches ; il m'a paru inutile de laisser dans l'ombre ces documents, lorsqu'en intercalant quelques mots, il m'était possible de les compléter, mais malgré ces corrections, ces additions ou ces soustractions, mes « *Impressions, Souve-*

nirs et Réflexions » sont toujours les mêmes, ayant conservé — si je puis m'exprimer ainsi — cette physionomie de *jeunesse*, qui en fera excuser l'*extrême franchise*. N'est-il pas, d'ailleurs, du devoir d'un auteur, de corriger ou faire disparaître, au fur et à mesure qu'il les rencontre, toutes les fautes qu'il découvre ?... Hélas !... quelle que soit son exactitude sur ce point, il en reste toujours trop qui échappent à sa faiblesse ou à son goût plus ou moins épuré....

Je ne suis pas de ceux qui font de la littérature une *opinion*, ni de leurs expressions un système. Je n'appartiens à aucun parti, à aucune faction ; je n'appartiens qu'à mon *Dieu*, à son *Eglise*, et à mon *Pays* ; ils seront toujours l'objet de mes écrits comme de mes actions. Je n'ignore pas non plus ce que je dois à ceux qui voudront bien prendre la peine de me lire......

Dans un langage digne de Diogène, ce plus fameux cynique de l'antiquité, le trop célèbre *J.-J. Rousseau*, se moquant un peu du public, lui disait rondement : « Qu'il ne s'était jamais « proposé que de se plaire *à lui-même* dans ses « ouvrages, et que personne ne savait mieux

« que lui comment ils devaient être faits pour
« remplir cet objet ».

Voilà qui est fort bien et, assurément, *très.
philosophique !* Mais moi, qui n'ai pas l'honneur
(*si toutefois honneur il y a*) d'être philosophe à
la manière de J.-J. Rousseau, je dois être plus
réservé, plus modeste, plus craintif que lui en
me livrant à la publicité.

Je demanderai donc à mes lecteurs toute leur
indulgence, et je me trouverai trop heureux, si
par mon travail je parviens à leur plaire et à les
intéresser *un peu ;* je pourrai, *quoi qu'il arrive,*
me rendre le témoignage que j'aurai tout fait
pour atteindre ce but, car je ne me dissimule
pas qu'on a toujours tort quand *on déplaît,* et je
n'ignore pas que ce que les Français pardonnent
le moins, c'est l'ennui.....

Sous le bénéfice de ces réserves, *va...* mon
petit livre !... va, affronte le cap des tempêtes,
vogue sur la mer orageuse de la critique,
navigue sur les flots mouveants de *l'opinion
publique...* Que Dieu te protège. te garde et te
préserve du naufrage au milieu de tant d'écueils
qui t'environnent !!! *Amen !!!...*

Pour me conformer au décret du Pape Uurbain VIII, je déclare n'employer dans cette notice le titre de *Saint*, que dans l'acception large et populaire du mot, sans prétendre nullement devancer en rien ni pour rien le jugement de la Sainte Eglise, dònt je suis et dont je veux toujours rester le serviteur fidèle et le fils humblement soumis.

P.-E. S.

FONTFROIDE

IMPRESSIONS
SOUVENIRS et RÉFLEXIONS

Felices nemorum paugimus incolas !
Des enfants du désert nous chantons les délices !

I

Départ de Narbonne — Compagnons de Voyage

Depuis deux heures environ le jour avait dissipé les ténèbres : c'était le 7 Octobre de l'an de grâce 1892, par une de ces belles et luxuriantes matinées d'automne si pures, si splendides, si magnifiques, j'allais presque dire si *incomparables* et pourtant si fréquentes dans notre admirable Midi de la France ; le soleil levant n'avait pas encore transpercé de ses rayons dorés un nuage vaporeux et léger qui s'efforçait de couvrir l'horizon d'un voile diaphane et humide, mais on pressentait néanmoins que la journée serait chaude et radieuse.

Déjà le mouvement des affaires se faisait remarquer sur tous les points, dans l'industrieuse et commerçante cité de *Narbonne*, active à l'instar de ces abeilles dont le miel succulent a, depuis longtemps, fondé sa juste réputation ; comme d'une ruche immense, ses habitants sortaient de leurs demeures, empressés et nombreux, se dirigeant, chacun de son côté, vers les divers travaux de la journée, en attendant que le soir les vit revenir, joyeux et contents, semblables à ces mouches laborieuses dont parle le poëte :

Mellis apes gravidæ properant

qui se hâtent de regagner leur obscure retraite, chargées du précieux butin recueilli sur les fleurs les plus belles, les plus odorantes, les plus embeaumées de la nature.

Sept heures et demie tintaient à peine dans l'antique beffroi de *Saint-Just*, quand, de mon côté. je me rendais, à pied, à l'*Hôtel Garaud*, où je devais prendre la voiture de Thézan, qui allait me conduire et me déposer, en passant, à l'embranchement qui mène au Couvent de l'Immaculée Conception (Cisterciens) de *Notre-Dame de Fontfroide*.

A huit heures et quelques minutes, nous partons :

c'est avec intention que je dis — *et quelques minutes* — car ces voitures de campagne, simples et modestes comme au bon vieux temps, en conservant les complaisántes et patriarchales traditions des diligences, de ces véhicules vulgairement appelés *Pataches*, d'autrefois, n'ont pas encore adopté la monotone rigidité ou la très peu poétique exactitude des voies ferrées d'aujourd'hui ; elles ont, au contraire, gardé la bonne et louable habitude de donner aux voyageurs en retard tout le temps nécessaire pour arriver, pour se rendre tout à leur aise, sans se fouler la rate, sans trop se désoler en route et sans crainte aucune de manquer le départ de la *voiture*, quelle qu'elle soit et de quelque nom que vous la décoriez, qui doit vous emporter à destination.

Ah ! parlez-moi de la vieille et poëtique *diligence* de nos pères, marchant lentement, honnêtement, ne dévorant pas l'espace à toute vapeur, vous laissant le loisir d'admirer ce ravissant paysage, ce lac, cette montagne, cette morne tour grise qui, là-haut, perchée depuis des siècles, regarde passer les mortels empressés, allant elle ne sait où, venant elle ne sait d'où, tandis qu'attachée aux flancs de son castel antique, jamais elle n'a bougé de sa grave immobilité.

Le coche ne contenait que quatre personnes — deux messieurs d'assez bonne mine qui me parurent, si j'en crois les apparences, être tout simplement des propriétaires ou des négociants du Narbonnais, un jeune *Militaire* et moi.

Les deux premiers, qui semblaient se connaître déjà, se mirent à causer entr'eux, dans leur coin, de choses ou d'affaires auxquelles je demeurai complètement indifférent ; parfois, cependant, au milieu de leur conversation, d'ailleurs *réservée*, se faisaient jour certaines réflexions communes aux gens du monde, même de bonne foi, absorbés par le négoce, les soins matériels ou le travail des champs, et qui auraient mérité d'être relevées un peu vertement, si j'avais pu espérer faire entendre raison à des personnes qui ne désirent, le plus souvent, *rien moins* que d'être éclairées. Je ne jugeai donc pas à propos d'engager sur certains points et au sujet de certaines matières délicates, une discussion qui, à mon humble avis, aurait pu tout au moins être inutile, sinon inefficace ou peut-être dangereuse. Je les laissai deviser entr'eux à plaisir et se livrer, par moments, à des observations d'un goût un peu douteux, et je me mis à examiner attentivement le *gentil soldat* qui se trouvait en face de moi.

C'était un beau garçon, portant bien avec toute la grâce et la vigueur de la jeunesse, ses vingt-deux ans accomplis. En voyant le numéro inscrit au col de sa tunique et au front de son képi, on pouvait aisément

reconnaître qu'il appartenait au 22ᵉ régiment d'infanterie, qui tient garnison à Montélimart (Drôme) ; sur
ses manches brillaient et s'étalaient *modestement* les
insignes de *premier soldat*, ainsi que le cor de chasse
dessiné en laine rouge, marque distinctive de l'habile
et excellent tireur. Une élégante paire de lunettes, à
la monture solide et légère à la fois, suppléaient à la
faiblesse de sa vue qui paraissait déjà prématurément
fatiguée par un travail assidu et pénible ; une fine et
gracieuse moustache noire ornait sa lèvre supérieure
et donnait à l'ensemble de sa physionomie, pourtant
si candide et si sympathique, un de ces airs de
crânerie et de coquette désinvolture qui ne sont
nullement déplacés chez un membre de l'Armée
Française, à quelque dégré de la hiérarchie militaire
qu'il appartienne. On pouvait, à *première vue*, reconnaître en lui un de ces jeunes gens que l'on rencontre
quelquefois dans la société et qui semblent tout
d'abord supérieurs au poste humble et modeste qu'ils
occupent pour le moment. Un air de noblesse, de
dignité grave mêlée de bonhomie, paraissait se
dégager de toute sa personne et commander, en
même temps que la confiance, le respect et l'admiration. Etait-ce un enfant du pays, qui se rendait en
congé dans sa famille ? Etait-ce un étranger qui
profitait de quelques jours de pérmission pour se
procurer, touriste improvisé, le plaisir d'une excur-

sion dans les *Corbières* ?... Je ne le savais pas encore : je devais l'apprendre bientôt, et *lui-même* allait se charger de m'en instruire.

Qu'il me soit permis, à ce sujet, avant d'aller plus loin, de faire une simple réflexion qui aura, dans la suite de ce récit, toute son application, toute son autorité et tout son à-propos : c'est que le hasard ou plutôt ce que les insensés et les sots appellent bêtement « *le hasard* » et que les gens sérieux, les personnes qui réfléchissent un peu, désignent avec plus de raison sous son véritable nom « *La Providence* », a parfois de bien singuliers et inconcevables contrastes. Tantôt elle se plaît à déjouer entièrement les prévisions humaines qui nous paraissent les plus certaines et les mieux assurées ; tantôt elle nous présente sous un jour bien différent, ce que nous avons cru apercevoir d'abord sous son aspect normal et véritable... Il en devait être ainsi pour le jeune homme que je voyais vis-à-vis de moi : comme il arrive souvent, les apparences étaient trompeuses. Cela dit, reprenons notre récit.....

II

En Route — Châteaux forts de Montredon
et de Saint-Martin de Toques

A peine au sortir de Narbonne avions-nous vu disparaître les dernières maisons de la ville et nous étions-nous engagés dans la campagne, qu'un de ces modestes et alertes employés des postes, à qui tout paraît égal et indifférent, le chaud comme le froid, la pluie ou la neige comme le beau temps, un simple *Facteur rural* puisqu'il faut l'appeler par son nom, qui trouve cependant qu'il est parfois *bien dur de faire son chemin*, vint, en prévision des fatigues de la journée qui promettait d'être accablante, demander un peu de soulagement à l'étroit marche-pied de notre cahotant véhicule.

Après avoir engagé amicalement la conversation avec lui, je demandai à ce brave homme de vouloir bien me dire quelle est la distance qui sépare Narbonne de l'Abbaye de Fontfroide. Quatorze kilomètres, me répondit-il très poliment.

En entendant prononcer le nom de *Fontfroide*, le jeune militaire, qui paraissait presque sommeiller, se réveille soudain, lève la tête, et d'une voix sympathique et douce à la fois me demande : — Monsieur va peut-être au *Monastère ?* — Oui, mon ami, lui répondis-je. — Et moi aussi, dit-il.

Une estime mutuelle, une sorte de confiance réciproque s'établit aussitôt, comme spontanément, entre nous, et, quelques instants après, nous étions déjà de vieilles connaissances, tant la conformité d'idées entraîne la communauté de seutiments et d'affections.

La contrée que le voyageur traverse en quittant la capitale du Narbonnais et se dirigeant vers Bizanet ou Saint-André-de-Roquelongue, n'est pas précisément des plus pittoresques, des plus fraîches ni des plus ombragées ; on peut, *assurément*, en trouver de plus riantes et de plus gaies. Paysage d'un gris monotone et d'une uniformité désespérante, comme tous les lieux qui ne sont guère éloignés des rivages de la mer, ce n'est plus la plaine, mais ce n'est pas encore la montagne ; on n'aperçoit là ni la luxuriante verdure des prairies, ni les voûtes sombres des forêts antiques, et, n'étaient deux vieux *Châteaux-forts* en ruines, témoins des âges écoulés, que l'on découvre sur le parcours, perchés sur des hauteurs, comme l'*Aire* inabordable des Aigles, il serait très exact de dire que *rien* d'intéressant ne vient s'offrir aux regards investigateurs du touriste.

Je m'informai du nom de ces deux manoirs : l'un, le premier que l'on rencontre sur la route, est le vieux Castel de *Montredon* ; l'autre, fiché plus haut et mieux conservé, que l'on aperçoit en descendant de la voiture, nous offre les imposants vestiges de l'ancien Château-fort de *Saint-Martin de Toques* ; le temps les a minés et presque entièrement rasés.

O vicissitude des choses humaines !... Les hommes édifient avec des peines incroyables, les siècles détruisent sans peine et crient à tous les échos de la Terre et des Cieux : « Vanité des vanités !... *Tout* « *n'est que Vanité,* hors l'amour et le service de « Dieu !... » (1).

Je demandai quelques renseignements, désirant être fixé sur les traditions et les légendes attachées à ces vieux pans de mur, à ces donjons croulants, à ces fenêtres défoncées qui semblent vous regarder encore, mais avec ce regard atône et hideux d'un œil

---

(1) Toutes les réflexions qui font l'objet de ce chapitre, m'ont été suggérées et me sont venues à l'esprit pendant que la voiture roulait sur la route de Fontfroide ; elles peuvent s'appliquer à tous les châteaux-forts en général et à tous les grands édifices qui tombent en ruines sous la faux irrésistible du temps ; j'ai cru devoir les concentrer ici, afin de les placer d'un seul coup, comme dans une revue d'ensemble, sous les yeux du bienveillant lecteur.

crevé. Persoune ne pût m'en donner ; personne ne sait rien sur ces démolitions, sur ces loques de pierre tombant en lambeaux ; enveloppées dans leur linceul de ruines, elles n'ont pas même leur *spectre*, leur *dame blanche*, pas même leurs *contes de vieilles fem-mes*. Les générations d'hommes qui y sont entrées comme dans une caverne sans fonds, les ont habitées tour-à-tour, et l'ombre d'aucun n'en est ressortie. Ces restes pétrifiés des âges anciens, ces vieux remparts, ces salles d'armes et ces apppartements grandioses aujourd'hui abandonnés, où fêtes joviales et banquets somptueux se succédaient sans interrup-tion, où gais *Damoiseaux* et gentes *Damoiselles* prenaient leurs joyeux ébats en chantant des laiș d'amour, où le poëtique Menestrel célébrait les exploits guerriers des Paladins en s'accompagnant sur la viole primitive ou sur la harpe harmonieuse, tous ces édifices, mélange d'architecture singulière et de décors féodaux presque inconnus de nos jours, construits hardiment sur des lieux en apparence inaccessibles, n'ont laissé après eux que leur squelette colossal, leurs ossements gigantesques, ces *Grandia Ossa* dont parle quelque part Chateaubriand, comme pour rendre, en quelque sorte, à la fois témoignage du génie, de la puissance, de la grandeur et aussi du *néant* de l'homme.

Maintenant, on n'aperçoit plus parmi ces débris écroulés ou tremblants et dans ces masures délabrées, ni chambre haute, ni chambre basse, ni somptueux salon, ni salle des gardes ; tous les étages tombés l'un sur l'autre, tous les plafonds et les planchers successivement effondrés, ont fait de ces demeures seigneuriales, *jadis* si vivantes et si joyeusement animées, de vastes espaces enfermés entre quatre hautes murailles qui ont pour sol des décombres de toute sorte, des ronces, des épines, et pour dôme les nuées du Ciel. Tout, ici, reste morne, silencieux, lugubre : à peine sur la plus haute cime, une tour ébréchée par la foudre ou la faux du temps, monte fièrement encore une garde perpétuelle ; seul, le cri monotone et sinistre du hibou, mêlé aux raffales violentes de l'ouragan, trouble le silence de mort qui règne dans ces tristes lieux.

On ne rencontre plus, dans ce qui reste de ces vieux *Châteaux-forts*, que des scabieuses sauvages, l'ombre déchirée des grandes fenêtres errant sur les décombres, un semblant d'armoiries mutilées par le marteau destructeur, au-dessus de la porte principale, quelques brebis errantes et quelques chèvres étiques qui paissent l'herbe des ruines, et çà et là, sous les pieds des voyageurs, des pierres écartées par le passage des reptiles.

Quand on a traversé tant de décombres, tant d'écroulements, tant de salles démolies, tant d'espaces pleins de mousse, d'ombre et d'oubli ; quand on a contemplé ces tours, qui, un jour, ont chancelé comme des hommes ivres et ont fini par tomber comme des hommes morts ; quand on a mesuré ces vastes cours où, il y a un siècle à peine, l'Archer se tenait fièrement debout, sur le perron, la pique haute, on est plus que jamais frappé de la *Vanité* des grandeurs et des gloires de la Terre.

Et cependant, du fond de ces ruines amoncelées, du sein de ces encombrements géants semble s'exhaler encore un air de noblesse et de grandeur sans pareilles : on dirait qu'à travers ces murailles renversées circule comme un courant sympathique et secret qui porte le respect dans nos esprits et la rêverie dans nos cœurs. Hélas ! c'est que, suivant la judicieuse réflexion d'un écrivain de nos jours, les logis sont comme les *gentils-hommes*, d'autant plus nobles qu'ils sont plus anciens.

Ah ! si ces murs pouvaient parler !... Peut-être s'est-il passé dans leur enceinte bien des choses plus dignes d'être racontées que ce qu'on raconte journellement à la terre ; mais les événements ont fui, les yeux qui les ont vus se sont fermés pour toujours, les traditions se sont éteintes avec les ans, comme un feu qu'on n'a pas entretenu... et... qui pourrait, aujourd'hui, pénétrer le secret des siècles ?... *Ah ! que ces murs ne peuvent-ils parler !...*

Oui, ne cessons jamais de le répéter : ces débris revêtus de lierre et percés de mille blessures mortelles ; ces ruines démantelées où semblent dormir les grands souvenirs du moyen-âge ; les luttes, les combats des Seigneurs, les Châtelaines et les Menestrels ; ce grand silence planant sur ces décombres et ces herbes abandonnées, tout éveille dans l'imagination du visiteur ces *visions* du régime et du foyer *féodal*, si remplies de charmes et d'attraits.

Les brusques voies de fait, les grands Chevaliers, les fameux Capitaines, ces Châteaux ont tout vu, tout bravé, tout subi. Aujourd'hui, mélancoliques, la nuit, quand la lune revêt leur *spectre* d'une robe blanche, plus mélancoliques encore en plein soleil, remplis de gloire, de néant, de renommée et d'ennui, rongés par le temps, sapés par les hommes, versant aux vignobles de la côte une ombre qui va s'amoindrissant d'année en année, ces tristes débris de l'orgueil humain laissent tomber le passé pierre à pierre dans l'abîme et date à date dans l'oubli.

Ed. Bryan a traduit en vers charmants l'impression que laissaient en lui les excursions dans les ruines ; voici quelques-unes de ces stances où se reflète toute la physionomie de ces grands souvenirs :

Vieilles tours surgissant du paysage austère,
Vous, dont la sombre masse, ouvrage des Titans,
Semble encore menacer le vallon solitaire,
Parlez, retracez-nous l'éclat des anciens temps !...

Où sont-ils, les soldats aux pesantes armures ?
Entend-on les chevaux hennir, las de leur frein ?
La brise emporte-t-elle à travers les ramures
Le son de la trompette et l'éclatant refrain ?

Le beffroi jette-t-il toujours sa note grave ?...
. . . .

Hélas ! sombre manoir, tous ces bruits d'un autre âge
Ne retentissent plus dans tes flancs mutilés.
Seul, le nom de R... survivant à l'outrage,
Anime quelquefois tes échos désolés !...

Les révolutions, artistes des ruines
Ont sapé ta muraille, et sous les grands débris.
De tes tours que le lierre exempte des bruines,
Le hibou, ce dernier guetteur, lance ses cris.

Vestiges attristés, je vous dois une larme .
Si d'autres n'ont pour vous qu'un souvenir moqueur, ·
Le poëte à vous voir éprouve un certain charme,
Car la voix du passé chante au fond de son cœur !

La voix du passé !... Elle se fait toujours entendre
à l'homme, quand faisant le silence au plus profond
de son être, il recueille ses souvenirs pour revivre
les temps écoulés... Le souvenir,.. c'est la vie !...

III

Soldat Trappiste — Réflexions sur la loi militaire

Arrivés à l'endroit où l'on quitte la route pour prendre l'embranchement qui conduit au Couvent, nous descendîmes de voiture, le militaire et moi ; après avoir indemnisé le *gracieux* conducteur qui nous avait transportés, nous voilà en route pour le Monastère.

Ma valise, toute modeste, petite par son volume, mais lourde relativement par son poids, m'embarrassait bien un peu ; mon camarade fût assez complaisant pour m'aider à la porter... et nous nous acheminons à pied vers l'antique abbaye. La route n'est pas longue : deux kilomètres à peine nous séparent de notre but ; nous eûmes cependant le temps de goûter à loisir tous les agréments de notre courte mais bien intéressante promenade.

Rien n'est charmant, à mon avis, comme cette façon modeste et pittoresque de voyager... *à pied !*... On s'appartient, on est libre, on est joyeux ; on est tout entier et sans partage aux accidents de la route ; on part, on s'arrête, on repart ; rien ne gêne ; rien ne retient ; on va et on rêve devant soi ; la marche berce la rêverie, la rêverie voile la fatigue ; la beauté, la variété du paysage cachent la longueur et les aspérités du chemin ; à chaque pas qu'on fait, il vous vient une idée ; il semble qu'on les sente par essaims éclore, fourmiller et bourdonner dans son cerveau ; tout en cheminant, on cause, et certes, *nous ne nous faisons pas faute* de causer librement avec mon brave compagnon de route.

Après s'être préalablement assuré de mes sentiments, de mes opinions et des dispositions générales de mon esprit et s'être parfaitement convaincu qu'ils étaient en tout conformes aux siens, celui-ci m'avoue franchement que l'habit qu'il porte n'est pas précisément le sien, qu'il en est un qu'il affectionne davantage encore et auquel il est bien plus cordialement attaché... Il me donne clairement à entendre que les personnes qui en le voyant sous *l'habit militaire* seraient tentées de le prendre pour un *soldat*, risqueraient de se tromper grossièrement : il me confie enfin qu'il est... MOINE, lui aussi, ce qu'il y a de *plus Moine*, comme les Religieux de Fontfroide qu'il va visiter pour la première fois ; qu'il appartient, comme eux, à l'ordre de *St-Benoît*, et qu'il fait partie de la Maison des *Trappistes* de Notre-Dame d'*Aiguebelle*, où il est entré bien volontairement et de son plein gré, n'ayant pas encore accompli sa dix-septième année, il y a environ cinq ans.

Vous avez bien lu, bien compris, bien entendu, ami lecteur ?... *Un vrai Trappiste*, s'il vous plaît, un Moine *de la plus belle eau*, non pas déguisé le moins du monde, mais bien et dûment enrôlé dans la milice de son pays, dans l'armée de cette France, la fille *aînée* de l'Eglise, en vertu de la funeste et trop fameuse loi soi-disant égalitaire, mais que l'on a plus justement qualifiée de loi *scélérate*, éclose, en un jour de démence, dans le cerveau détraqué (la suite, hélas ! ne l'a que trop surabondamment démontré) d'un inconcevable Général, de l'incompréhensible et malheureux *Boulanger*, alors Ministre de la Guerre ; loi foncièrement *antifrançaise*, qui en dépit de l'*Immunité Ecclésiastique*, formellement consacrée par le Concordat et à laquelle le Grand Napoléon lui-même, dans toute *son omnipotence*, n'a jamais osé déroger, assujettit tout ce qui est Prêtre, Moine, Frère, Abbé ou Religieux de toute catégorie, au service militaire *obligatoire*, alors même que ces infortunées victimes se destinent à *entrer dans les Ordres Ecclésiastiques* et à faire à jamais leur carrière de la vie sacerdotale ; monstruosité sans pareille, qui n'avait jamais reçu un commencement d'exécution et qui, même, n'avait jamais été tentée auparavant, à aucune époque, sans en excepter la période *effroyable* du régime à jamais néfaste de la *Convention* et de la *Terreur*.

« Cette loi impie, abominable, me dit-il, qui a mis
« le sac au dos des *Curés*, l'a mis aussi sur les épaules

« des *Trappistes*, avec la différence notable toutefois
« que les élèves des Grands Séminaires ne sont
« astreints qu'à *un* an de service militaire, tandis que
« par un triste privilège spécial et tout à fait inexpli-
« cable jusqu'ici, les Religieux de tous Ordres sont
« assujettis à un séjour de *trois années* sous les
« drapeaux. »

Il a encore, ajoute-t-il, seize mois à faire avant de
pouvoir réintégrer sa douce retraite et reprendre ses
chères études ; il est déjà *Minoré* et connu en religion
sous le nom de *Père Bernardin* (A. Poulalion, dans
le monde).

Cette révélation soudaine, à laquelle j'étais loin
d'être préparé, m'étonna sans toutefois me surpren-
dre outre mesure, car, par le temps qui court, il faut
s'attendre, de la part des sectaires divers qui sont
parvenus à dominer dans notre beau pays de France,
à toutes les iniquités et à toutes les sottises. Les
singuliers Ministres de la Guerre, que nous voyons
se succéder si rapidement et depuis déjà trop longtemps à la tête de ce *Département* si important,
semblent affecter de croire, contrairement au sens
commun, que le nombre seul suffit pour remporter
les victoires, tandis qu'en réalité ce n'est point la
multitude, pas même le courage des soldats, mais
seulement la *discipline militaire* bien établie et
rigoureusement respectée, qui assure le triomphe

dans les combats... *Non numerandi sed pouderandi...*

L'histoire militaire de tous les temps et de tous les pays est là pour nous apprendre que la qualité des soldats et celle du commandement peuvent fort bien balancer les avantages du nombre.

Depuis le combat des Thermopiles et la fameuse retraite des dix mille jusques à l'héroïque défense du fort de Mazagran et de la citadelle de Bitche, les preuves abondent.

« Les Perses, disait avec raison l'illustre Bélizaire
« aux Romains, ne vous surpassent point en courage,
« ils n'ont sur vous que *l'avantage de la disci-*
« *pliné.* »

Et, le plus grand génie militaire des temps modernes, traduisant la même pensée, en un langage plus énergique, s'écriait à son tour : « Le Grand Frédéric
« a prétendu que la victoire appartient aux gros
« batailleurs... *il en a menti !* »

Hélas ! que va-t-elle devenir dans notre armée, cette discipline salutaire, battue en brèche, tous les jours, par les baïonnettes *soi-disant intelligentes* du fameux major *Labordère* et par les clarinettes *insurgées* du 100ᵉ de ligne, devenues tout à coup *volontairement* muettes, à *Narbonne ?*... Mystère... profond mystère !...

Mon respect, mon admiration pour mon pieux camarade ne s'en accrurent que davantage et je ne pouvais me lasser de contempler avec un saisissement profond, ce jeune et beau *Moine-Soldat*, victime innocente de nos passions politiques, injustement et violemment arrachée à la carrière qui lui souriait tant et à la retraite vénérée qu'il s'était lui-même *volontairement* choisie pour asile... En face de pareils attentats, en entendant proclamer (et, bien haut, encore) que c'est au nom de *la liberté* qu'on les consomme, volontiers je m'écrierais avec Mme Rolland sur le point de monter dans la charrette fatale : « Oh ! liberté ! que de crimes on commet en ton « nom ! » Ou avec le grand Berryer : « *Votre liberté !* « je n'en veux pas ; je la hais, car la vôtre *supprime-* « *rait* la mienne !... »

Et en parlant ainsi je n'entends nullement accuser la liberté, *la vraie liberté,* que je respecte et que j'honore, mais les misérables qui abusent de son nom pour satisfaire leur égoïsme ou leurs mauvais instincts ; en France, la liberté, depuis longtemps est une Vierge innocente, violée outrageusement par d'affreux libertins ; une fleur suave dans un fumier ; un parfum qui s'évapore dans la putréfaction d'un cercueil ; *un mot,* une appellation funeste depuis qu'elle est devenue *politique,* car la politique en a fait un *mensonge.*

Où prétendent-ils donc en arriver, ces législateurs. A Catholiques et Impies, Francs-Maçons ou Juifs qui, non contents d'arrêter le Tout-Puissant au seuil de ses temples et d'interdire au Dieu Créateur l'accès de nos voies publiques qui *lui appartiennent* pourtant, (car les rues de la grande cité, comme les sentiers du village et les sillons des champs sont au Seigneur, puisque la *Terre est à lui*), de ces voies, dis-je, ouvertes cependant aux plus sales mascarades et à ces ignobles enfouissements, qui n'ont de *civil* que le nom, ont voulu obliger les Ministres sacrés et les aspirants au sacerdoce, les Moines et les Religieux de tous ordres, dépouillés contre tout droit et expulsés « *manu militari* » de leurs domiciles privés, à payer ce qu'ils appellent avec une ironie sanglante : *leur dette à la Patrie*. Comme si les services signalés que ces pieux citoyens rendent à la société, dans les Couvents ou dans les Paroisses, ne représentaient pas des avantages bien plus précieux et plus considérables que ceux qu'ils peuvent lui rendre dans les régiments et même sur les champs de bataille, où *jamais*, du reste, ils n'ont fait défaut en qualité d'Aumôniers, Brancardiers ou Infirmiers, soit dans les hôpitaux, soit dans les ambulances, au milieu même des projectiles ennemis, alors que leurs persécuteurs triomphants se chauffaient *lâchement* les pieds sur les chenêts dorés des Préfectures emportées d'assaut, et se montraient gais et de bonne composition en fumant avec délices *des cigares exquis*.

« Ah ! disait un écrivain qui les connaissait bien,
« quels autocrates que ces démocrates, quand ils
« deviennent des *aristocrates !* »

Et l'on viendra nous dire, pour comble de dérision,
que c'était là de profonds politiques !... « Profonds !...
« c'est *creux* que vous vouliez dire, répliquait
« Talleyrand à Cambacérès, en parlant de Syeyès !...»

Avec combien plus de raison pourrait-on appliquer
le mot de Talleyrand à tous les organisateurs de
notre *déroute* nationale !... On serait alors dans le
vrai.

« *Le Ministère sacerdotal*, disent très sagement
« les Cardinaux, dans leur déclaration si remarqua-
« ble et tant remarquée, n'est-il pas un service social
« et patriotique *plus qu'équivalent* au service mili-
« taire ? » Et les Cardinaux ont raison.

Espèrent-ils peut-être, ces tyranneaux Judeo-
Maçonniques, étouffer ainsi dans leur germe des
vocations solidement établies, et empêcher de rentrer
dans les Séminaires et dans les Couvents, des jeunes
gens qu'ils en auront arrachés de force, pour un
temps plus ou moins long, afin de les jeter, avec une
malice infernale, dans le tumulte des camps, ou de
leur faire faire connaissance, ce qui est *bien pire,*
avec les mœurs licencieuses et par trop sans-gêne de
la caserne ?

Qu'ils ne s'abusent pas : le but des sectes perverses et des Sociétés secrètes qui nous gouvernent *momentanément*, nous saurons le déjouer, car nous le connaissons.

D'abord, ce que veulent ces mécréants, c'est *détruire* dans les cœurs le saint et noble *patriotisme*... et il faut avouer que le service obligatoire a presque anéanti cette richesse de la vieille France, « *l'esprit militaire* ». L'uniforme d'officier prodigué n'a plus sa valeur ; le soldat n'est plus un soldat, c'est un bourgeois, un cultivateur arraché à ses devoirs, une sorte de garde national-vêtu en « *lignard* ». On cesse d'aimer un métier qui n'est plus le privilège des braves ; aussi devient-il de bon goût de *refuser les galons* pour n'avoir pas l'air de faire une carrière des armes.

En second lieu, ce que veulent ces *sans-Dieu*, ce qu'ils poursuivent avec un acharnement digne d'une meilleure cause, c'est *déchristianiser* la France ; anéantir à tout jamais, s'ils le pouvaient, notre religion sainte, en la privant de ses Ministres à tous les degrés et de-ses soutiens les plus autorisés et les plus fidèles, tel est l'*objectif* de ces impies. C'est à cela, il n'y a pas le moindre doute, que tendent tous' les efforts des Anti-Cléricaux, nous ferions peut-être mieux de dire de tous les *Anti-Patriotes* qui dirigent aujourd'hui les affaires du pays ; nous ne l'ignorons nullèment, et personne parmi les honnêtes gens ne se fait illusion sur ce point. Voici des preuves :

« Nous avons sous les yeux, dit l'illustre Evêque
« de Grenoble, Monseigneur Fava, dans son *discours*
« *sur la Franc-Maçonnerie*, les résolutions prises le
« 11 Juin 1879, où nous lisons ce qui suit : « *Déchris-*
« *tianiser* la France par tous les moyens, mais surtout
« en étranglant le Catholicisme peu à peu, chaque
« année, par *des lois nouvelles* contre le *Clergé* et les
« *Sociétés religieuses*... Arriver enfin à la fermeture
« des Eglises... Dans dix ans, grâce à l'instruction
« laïque *sans Dieu*, nous aurons une génération
« d'*Athées*. On fera alors une armée et on la lancera
« sur l'Europe ; tous les *frères* et *amis* des pays
« qu'elle envahira nous aideront de leur pouvoir et
« de toute leur influence. »

Ce plan est bien suivi ; les écoles *sans Dieu* exis-tent et, dès l'origine, l'exercice du *fusil* avait rem-placé l'enseignement salutaire du *Catéchisme*.

L'enfant ainsi préparé — *par la doctrine impie* — devance l'époque de son émancipation naturelle, ne reconnaît « *ni Dieu ni Maître* ». Hélas ! l'homme sans Dieu qu'est-ce autre chose qu'une bête féroce plus dangereuse que les autres, parce qu'à des instincts pervers il ajoute une intelligence sans règle... Il descend à un tel degré de dépravation et d'abrutissement, que *le Bourreau seul* peut en avoir raison (1) quand toutefois il ne prévient pas l'action de la Justice par un *suicide* précoce.

Et quels moyens n'emploie-t-on pas pour en arriver à ce triste résultat ? Chacun sait le déluge de mauvais livres, de journaux orduriers, de gravures obscènes dont nous sommes inondés, à l'époque actuelle... Il a fallu inventer un *mot* dont la racine, qui signifie tout ce qu'il y a de plus abject et de plus sale, jusqu'à la prostitution elle-même, exprime bien la chose : « *Pornographie* », pour peindre d'un trait les images et les mœurs de notre temps. A qui faut-il attribuer ce honteux dévergondage ? Nubius, chef de la Haute-Vente, a répondu : « Le meilleur poignard pour frapper l'Eglise Catholique au cœur, *c'est la corruption.* »

Son conseil a été entendu ; en *France*, la licence la plus éhontée s'étale partout avec orgueil, assurée d'avance de n'être point arrêtée dans son œuvre malfaisante ; les doctrines les plus perverses se répandent en toute liberté, et, selon l'expression d'un auteur païen, tout ce qu'il y a de plus dégoûtant, de plus odieux, semble aujourd'hui se réfugier sous la protection, ou tout au moins sous la tolérante indif-

---

(1) Tout ce qu'on retranche dans l'Etat à la souveraineté de Dieu, on l'ajoute à la souveraineté du bourreau !...

(Louis BLANC. - *Histoire de dix ans*).

férence des Pouvoirs Publics. *Tunc dota est libertas odiis*, a dit Lucain, en parlant de la décadence et de la corruption du peuple Romain. .

C'est donc à la *Franc-Maçonnerie*, et, à elle seule, que nous devons cette levée de boucliers.

Applaudissez maintenant, frères trois points, sale engeance d'une secte plus sale encore.

« *Plaudite, porcelli, porcorum prava propago !...* »

Monseigneur Freppel, de sainte et illustre mémoire, recévant pour la dernière fois ses prêtres, au noúvel an, ne leur disait-il pas sans détours :

« La lutte est entre l'*Eglise* et la *Franc-Maçonnerie.* »

C'était le 1er Janvier 1891. Ce mot paraît être le testament politique du grand champion du catholicisme. Il nous donne le mot d'ordre de la lutte actuelle et la *clef* de la plupart des questions aujourd'hui pendantes.

La Chambre dont le mandat a expiré en l'année 1893 — et, grâce à Dieu, ce n'était pas trop tôt — a fait toutes les lois qu'elle a pu pour désorganiser et *déchristianiser* la France... Hélas ! celles qui l'ont suivie n'ont pas mieux fait..., au contraire !...

Ces Chambres funestes nous ont procuré toutes les hontes, toutes les corruptions, tous les *enjuivements* du Panama ou du Dreyfusisme, tous leurs actes sont empreints et profondément imprégnés de l'esprit et de l'essence maçonniques, des corruptions maçonniques, des turpitudes maçonniques, en sorte que nous pouvons, en toute vérité, affirmer hardiment avec Monseigneur Gouthe-Soulard, le grand Archevêque d'Aix, décédé tout récemment, que nous ne sommes pas en *République*, mais bien en *Franc-Maçonnerie*.

Jadis, la France était *la fille aînée de l'Eglise*, aujourd'hui elle est *la fille aînée* de cette secte abominable, bien digne d'être présidée par Satan *en personne*. Le Grand-Orient a pris la place de l'Eglise, du moins aux yeux de la majorité de nos gouvernants.

« Je porte un premier toast à la *France*, la fille
« de la Démocratie, qui est devenue la *fille unique* de
« la Franc-Maçonnerie. »

Ainsi s'exprimait, dès l'année 1881, le Vénérable de la loge « *La Bonne Foi* » de Saint-Germain en Laye, un certain frère Daubrine, qui plus tard fût élu membre du Grand-Orient.

La phrase a fait fortune dans la Maçonnerie ; je la retrouve un peu plus tard mise en vers, si toutefois l'on peut appeler *vers* quelque chose qui n'est pourtant pas de la prose :

Depuis ces temps fameux, trois fois la *République*,
OEuvre des Francs-Maçons, leur *fille aînée*, unique,
Prit sa part des travaux de nos humbles chantiers.
Au sommet du pouvoir, brillent nos ouvriers,
Heureux de retrouver au bout de leur carrière,
La règle et le compas, la truelle et l'équerre.

(Vénérable de la loge « Bélisaire » d'Alger,
dans une poésie lue publiquement le 24 Février 1884).

« Ramener les peuples à un état où, sur les ruines
« de la *Religion* et de la *Révélation*, le naturalisme
« païen, *vainqueur* de l'*Evangile*, chantera l'hymne
« de sa nouvelle rédemption, appelant l'humanité à
« s'avancer avec confiance dans la voie du progrès
« illimité, sans plus se soucier du Ciel et de l'Eter-
« nité : *tel est notre but.* » (Circulaire du Grand-
Orient de Rome, 17 Janvier 1891).

Et si l'on veut une preuve toute récente de l'ingé-
rence et de l'influence de la Franc-Maçonnerie dans
la direction des affaires publiques, nous pouvons
apprendre à nos lecteurs, qui peut-être l'ignorent
encore, que M. Gadaud (Frère Gadaud pour les fils
de la veuve), Ministre de l'Agriculture, parlant au
nom *du Gouvernement* et voulant bien accentuer le
fond de sa pensée, disait, officiellement, à la déléga-
tion de la R... L... « *l'Humanité* » à l'occasion de
la fête solstitiale de Nevers :

« Vous savez que le Gouvernement ne peut pas
« s'occuper particulièrement de la Franc - Maçon-
« nerie (parbleu, il faudrait alors la soumettre au
« droit d'accroissement), mais je puis vous dire qu'il
« *s'inspire* de ses principes et de ses doctrines. »

Ah ! ces doctrines et ses principes, nous ne les
connaissons que trop !

Après une pareille déclaration, aussi explicite que
cyniquement provocatrice, il faut tirer l'échelle.....

Et si ces témoignages ne vous suffisent pas pour vous convaincre pleinement que nous sommes en *Franc-Maçonnerie* au lieu d'être en *République*, vous aurez la bonté, je vous prie, de me le dire... Je vous admirerai !...

Je vous répondrai même, avec le R. P. A. Berthe, dans son admirable vie de *Garcia Moreno*, victime et martyr des Francs-Maçons :

« Il n'est plus permis aujourd'hui d'ignorer l'exis-
« tence d'une Société occulte, appelée *Franc-*
« *Maçonnerie*, dont le secret, très peu mystérieux,
« consiste à s'unir au démon pour détruire le règne
« de Dieu sur la Terre. Comme Dieu règne par Jésus-
« Christ, et Jésus-Christ par l'Eglise Catholique, les
« Francs-Maçons font. l'horrible serment d'écraser
« Jésus-Christ et l'Eglise, « *l'Infâme*, » comme disait
« Voltaire, un de leurs principaux initiés. Longtemps,
« en public, comme dans leurs premières loges, ils
« dissimulèrent l'*infernale* conjuration, parce que ni
« les peuples ni les Rois n'avaient assez progressé
« pour la comprendre, mais aujourd'hui qu'ils
« règnent sur presque tous les trônes et gouvernent
« les Parlements et les Ministres, ils travaillent à
« Ciel ouvert. « *Le Cléricalisme, voilà l'ennemi !* »
« s'écrie l'un des chefs du mouvement, aux applau-
« dissements de tous les adeptes. Et afin qu'on ne
« s'y trompe pas, la loge prend soin d'expliquer à

« ses membres, qu'elle emploie ce mot « *Clérica-*
« *lisme* » pour leurrer ceux qui conservent encore
« un certain attachement à l'Eglise Catholique, mais
« qu'au fond Cléricalisme ou Catholicisme *c'est tout*
« *un*. Du reste, nous connaissons aujourd'hui la
« Franc-Maçonnerie, ses constitutions, ses rituels,
« ses initiations exécrables, ses serments, dont l'Enfer
« seul a pu donner les formules, et le tout se résume
« dans le trop fameux blasphème de *Proudhon*,
« l'enfant terrible de la secte :

« Moi, je dis : le premier devoir de l'homme intel-
« ligent est de chasser incessamment l'idée de Dieu
« de son esprit et de sa conscience. Esprit menteur,
« Dieu imbécile, ton règne est fini ; cherche parmi
« les bêtes d'autres victimes. Te voilà détrôné et
« brisé !... Viens, *Satan*, viens, calomnié des Prêtres
« et des Rois, que je t'embrasse, que je te serre sur
« ma poitrine !... Il y a longtemps que tu me
« connais et que je te connais aussi. Tes œuvres, ô le
« béni de mon cœur ! ne sont pas toujours ni belles
« ni bonnes, mais elles seules donnent un sens à
« l'Univers et l'empêchent d'être absurde... Dieu,
« c'est l'hypocrisie et le mensonge ; Dieu, c'est la
« tyrannie et la misère ; Dieu, *c'est le mal !*... Toi
« seul, ô Satan, ennoblis le travail et mets le sceau
« à la vertu. »

Tous les Francs-Maçons ne parlent pas le langage

de Proudhon, mais tous ont au cœur le même amour du mal, la même haine du bien. Leur bonheur consiste à propager la Révolution, l'œuvre *satanique;* leur triomphe, à renverser l'Église, royaume de Dieu et de son Christ... « Ils ne s'en cachent pas, dit le Pape « Léon XIII dans son Encyclique *Humanum genus,* « ils lèvent audacieusement le bras contre Dieu, ils « trament ouvertement et publiquement la ruine de « l'Eglise Catholique, ils veulent, à toute force, « enlever au monde Jésus-Christ et ses bienfaits. » Voilà la *Franc-Maçonnerie !*

Avec ces quelques données sur la secte, mes lecteurs comprendront pourquoi tout bon Franc-Maçon doit se considérer l'ennemi personnel du *Clergé* et des *institutions religieuses,* ces destructeurs acharnés de la Révolution.

Mais alors, me dira peut-être quelqu'un, qu'est-ce donc que ce régime sous lequel nous vivons ? Voici :

Saint Augustin, parlant des gouvernements impies qui existaient déjà de son temps, écrivait il y a plus de quinze siècles : « *Remotâ justitiâ, quid sunt regna mundi, nisi magna latrocinia ?* » Ce qui revient à dire en bon Français, que les Empires, les Royaumes ou les Républiques d'où toute justice est bannie, qui foulent aux pieds Dieu et ses commandements, ne sont qu'un *vaste repaire de brigands...* Voilà le régime...

Et plus tard, l'immortel Bossuet, commentant le livre de l'Apocalypse, disait à son tour : « Je tremble, en mettant la main *sur l'Avenir.* » Peut-être l'Aigle de Meaux prévoyait-il, en un regard prophétique, ce qui se passe de nos jours ; quoi qu'il en soit, s'il eût vécu en notre commencement de siècle, il eût pu s'écrier en toute assurance : « Je tremble en mettant la main *sur le présent !* » Car ce qui se passe sous nos yeux est tout simplement du *Banditisme.*

Voilà ce que nous voyons actuellement dans cette noble et loyale France, qui passe pour obéir aux trois vertus fondamentales de l'Humanité : *« La Liberté — L'Egalité — La Fraternité ! »*

Ah ! nous connaissons bien la valeur de cette devise démocratique, quand elle est appliquée par nos Francs-Maçons tout-puissants.

En fait de Liberté, d'Egalité, de Fraternité, voire même de loyauté et d'équité, nos frères Trois-points ont tout dépensé même la quotité disponible... il ne leur en reste plus ; ils n'ont rien gardé pour eux, pas même la *réserve légale.*

La *Liberté,* ils l'ont étranglée avec la corde grossière des Moines qu'ils ont violemment expulsés de leurs légitimes retraites, où ils étaient *vraiment bien chez eux* ; ils l'ont noyée dans le sang des martyrs de Châteauvillain et... d'ailleurs.

L'*Egalité* est venue piteusement expirer sur les

bancs de la Cour d'Assises où, dans la retentissante affaire du *Panama*, les petits coupables ont payé pour les grands criminels.

Quant à la *Fraternité*, les vexations sans nombre auxquelles sont en butte, à tout moment et le plus souvent sans motifs, les Catholiques et les vrais Conservateurs ; les injures très peu *fraternelles* que les journaux et les feuilles sectaires ne manquent pas de s'adresser mutuellement tous les jours ; la *dynamite* et le *poignard* dont se servent si bien et trop souvent, hélas ! les *Frères-Maçons* anarchistes et libre-penseurs ne manqueront pas de la faire disparaître totalement de la surface de la terre.

Pour compléter ma pensée, je dois faire observer, en passant, qu'il n'y a jamais eu moins de liberté, d'égalité, de fraternité que depuis que nos murs en sont *tapissés*. Et, mon Dieu ! comment pourrait-il en être autrement ?...

La *Liberté* est fille du Christianisme et non de la Révolution ; c'est le Christ qui l'a apportée au monde païen en même temps que la vérité. *La Vérité vous rendra libres*, dit le Sauveur, et l'avenir l'a démontré.

La *Liberté*, c'est l'obéissance à Dieu et par conséquent le pouvoir de faire *sans entraves* le bien qu'il ordonne ; ce n'est pas la *licence* de multiplier les cabarets ni d'abrutir le peuple par des boissons frelatées ou la lecture de mauvais journaux ; ce n'est pas, non plus, la faculté de troubler le repos public par des chants obscènes et discordants. *Non*, tout cela n'est pas la *liberté*.

En dehors de l'Eglise, la dictature et l'esclavage ont été et seront toujours et partout un fait incontestable :

« L'esclavage antique, a dit naguère un éloquent « écrivain, rentre *à toute vapeur* avec la suppression « des libertés que nous devons au Christianisme. »

Hélas ! nous sommes loin du temps où le grand Lacordaire, revêtu de sa blanche tunique de Dominicain, qu'il venait d'introduire en France, osait s'écrier à la tribune de l'Assemblée Constituante dont il faisait partie, et aux applaudissements de l'immense majorité des représentants du peuple : « Ma robe est une liberté !... »

Voilà la liberté que dans nos temps troublés, au nom de la *prétendue liberté*, les sectaires veulent détruire...

Mais Dieu est là, il veille sur la France, et, si la fille aînée de l'Eglise le mérite, il ne permettra pas un pareil attentat...

Oui, la liberté est fille de l'Evangile ; ce mot appartient tout entier au vocabulaire de la langue chrétienne.

Voilà ce que nous devons penser de la liberté *sainement* comprise.

Quant à l'*Egalité*, vous avez prêché tour à tour,

docteurs socialistes, ce dogme absurde de l'égalité *absolue*, de l'égalité pour tous, en tout et partout, et vous vous étonnez des conséquences de vos principes, vous vous demandez *niaisement*, en face des agitations qui se manifestent parmi les classes ouvrières : « *Que veut la classe laborieuse ?* » — « Parbleu, vous répond spirituellement Alphonse Karr, la classe des *travailleurs* veut simplement ne pas travailler. » Avouons qu'elle est dans la logique rigoureuse : vous lui enlevez son Dieu, elle se débarrasse de ses maîtres; elle veut jouir comme vous : plus d'autorité, tous égaux !...

Et la *Fraternité ?*... Inutile de le répéter à satiété, chacun le sait, elle aussi comme ses sœurs, est fille du Catholicisme. Le premier mot du *Pater :* « Notre Père, » a créé la fraternité, *la vraie*, la seule qui puisse jamais exister sur la Terre.

Avant d'aller plus loin, j'éprouve le besoin, et je demande la permission de transcrire ici, à titre de souvenir, quelques vers qui, dans leur simplicité *humouristique*, dépeignent très exactement, ce me semble, la situation présente telle que nous l'ont faite nos minuscules politiciens du jour :

> Un marchand de tabac, par son zèle exalté,
> Prit pour enseigne : *Liberté,*
>   *Egalité, Fraternité !...*
> Puis, jugeant ces mots *un peu vagues,*
> Il écrivit dessous pour plus grande clarté :
>   *Aux trois blagues !!!...*

Voilà sous une forme un peu triviale, la véritable définition de la fameuse devise gouvernementale : *Liberté — Égalité — Fraternité !...*

Et l'on viendra nous dire après que c'est là un Gouvernement... et un Gouvernement *démocratique* encore !... Allons donc !... à d'autres !...

Un pareil régime n'a aucun des caractères de la vraie *Démocratie*, mais il a, par contre, tous les symptômes et toutes les marques de la véritable Démagogie, de la vraie *Satanocratie*, pour nous servir d'une expression de M. de Maistre. Satan règne en maître ; les loges sataniques gouvernent et distribuent à leur gré les places et les honneurs... et chacun sait, hélas ! avec quel soin scrupuleux et jaloux elles s'appliquent à *mal faire*. La licence est partout, la liberté nulle part ; les obscénités et les impiétés les plus révoltantes s'affichent et s'étalent impunément ; tout ce qui peut servir ou qui rappelle l'honneur, la vertu, la décence, est honni, conspué, expulsé au loin comme un composé de matières pestilentielles.

Pauvre France ! à quel degré d'abjection n'es-tu pas descendue ?

« Lorsque Dieu se mêle de donner des leçons,
« écrivait à un de ses amis le Général de Sonis, il les
« donne en maître, rien ne manque à celle que notre
« malheureuse Patrie reçoit en ce moment ; pour

« nous, demandons à Dieu qu'il ne nous quitte pas
« et qu'il nous fasse la grâce de profiter des terribles
« enseignements par lesquels il manifeste sa colère. »

Il y a (l'expérience des siècles nous l'apprend) des
moments d'expiation douloureuse dans la vie des peuples modernes. Comme Adam, ils ont rejeté Dieu
pour être libres ; ils deviennent comme lui les
esclaves du serpent *révolutionnaire* qui les fascine
jusqu'à leur faire perdre l'idée de la vraie liberté ;
alors on voit se reculer jusqu'à l'infini les bornes de
l'avilissement ; alors on peut s'écrier, en toute
vérité, avec l'illustre Comte de Maistre, ce *voyant*
des temps modernes : « Oh ! *Révolution !...* tu es la
fille de *Satan !...* »

Est-ce à dire que le règne du *Matérialisme* ait
irrémédiablement envahi la France ?... Je ne le crois
pas ; comme le corps, l'âme a ses besoins, elle ne
peut être toujours dominée par les appétits grossiers;
son essence est trop pure, trop au-dessus de la
matière... Si l'histoire, cette conseillère que l'on
écoute *si peu*, nous montre les époques de décadence
morale comme les précurseurs de l'anéantissement
des peuples ; si nous voyons Rome saturée de matérialisme, de luxure, et d'obscénité quand elle devînt
la dépouille opinée des Barbares, nous savons aussi
que Dieu a fait *les nations guérissables.*

Alors qu'il n'y a plus de croyance, plus de foi,

plus de patriotisme, quand les jouissances physiques font oublier les jouissances de l'âme, lorsqu'aux heures douloureuses du sacrifice on entend des Français, indignes de ce nom, s'écrier ouvertement, publiquement, avec un cynisme plus que révoltant : « *La Patrie !...* c'est moi !... » Après une halte dans la fange ou même dans le sang, les peuples s'élancent vers la croyance, se rattachent à la foi, et les peuples *se régénèrent...* Si cette révolution ne se fait pas dans les esprits, alors les peuples deviennent ce que sont devenus tant de peuples : ils périssent ou sont absorbés par des voisins *plus vigoureux...* A la France de choisir entre ces deux alternatives, entre la Morale Chrétienne ou l'Impiété d'Etat, entre la *vie* ou la *mort !...*

Parfois on trouve la *Théocratie* exagérée ; et bien, moi, je trouve que la *Satanocratie* est bien plus et bien autrement exagérée encore... Quant au résultat pratique, le voici : La Théocratie, je dirai même la *Démocratie* bien comprise et dignement appliquée, c'est *Dieu* au timon de l'Etat... La Satanocratie, c'est toujours le *Diable* à la tête des affaires.

Ce qui est certain, ce qui est hors de doute pour tout esprit de bonne foi, c'est que le droit finit toujours par triompher de la force et que la justice l'emporte sur la violence. Qu'ils se détrompent donc, ces apostats modernes, ces orgueilleux *Juivaillons* qui voudraient tout détruire ce qui est bien, tout anéantir ce qui est bon, tout effacer et faire oublier ce qui est beau, noble, saint, et qu'ils cessent enfin de se repaître d'illusions mensongères et trompeuses !... Leurs efforts sacrilèges sont d'avance frappés de la plus complète comme de la plus ridicule stérilité... *Heureusement*, l'expérience est là pour prouver qu'aucun ou presque pas un de ces braves et dignes enfants du Sacerdoce, bien moins à plaindre, *certes*, que leurs lâches et obscurs persécuteurs, n'a été détourné de sa véritable vocation et n'a abandonné l'asile respectable dont on avait tenté vainement de le dégoûter. Jusqu'ici, à de très rares exceptions près, tous ont accepté et affronté courageusement la terrible épreuve, et tous, *avec la grâce de Dieu*, sont sortis victorieux du redoutable combat. On les a vus, ces agneaux envoyés parmi les loups, revenir après une longue et douloureuse captivité subie dans des lieux qu'ils *n'avaient pas accoutumé* de fréquenter, sans qu'aucun manquât à l'appel, librement et volontairement, vers ces Séminaires et ces Couvents si chers à leur cœur et que l'Impiété, dans sa folle et satanique présomption, se flattait de leur voir déserter pour toujours.

Leur séjour dans les casernes n'est pas, cependant, demeuré sans résultats appréciables ; ils ont donné constamment le « *bon exemple*, » ce que ne cherchaient pas, assurément, les fanatiques qui les y avaient condamnés ; ils ont ramené à la vertu par leurs discours et par leur régularité en tous points *bon nombre* de jeunes gens qui peut-être n'y seraient pas revenus de longtemps... Le général André, Ministre de la Guerre, a si bien compris la salutaire influence que les Séminaristes et les Moines exercent dans les casernes que, poussé par la Franc-Maçonnerie et dans le but, bien évident, de s'opposer au mouvement Catholique qui se produit, il se propose de déposer un projet de loi qui, à l'avenir, les éloignerait de leurs camarades et les confinerait, comme infirmiers, dans le service des Hôpitaux militaires. C'est ainsi que Dieu, dans ses desseins impénétrables, se sert du mal pour opérer le bien... Ah ! comme il avait raison celui qui a dit le premier : « L'homme s'agite... et *Dieu le mène !...* »

Reconnaissons-le, néanmoins ; quel courage, quelle constance et quelle vertu surhumaine n'ont-ils pas eu à déployer pour demeurer vainqueurs, à leur tour, ces pieux enfants de l'Église sainte, ces généreux lévites, inébranlables dans leur foi et la sublimité de leur vocation. *O pulchras acies castra que fortia!...* pourrions-nous répéter ici avec le poëte sacré : qu'ils sont beaux vos bataillons, sages et vaillants Séminaristes, et que vos positions sont bien et bravement défendues !... Continuez à placer dans le Seigneur toute votre confiance, il ne vous abandonnera pas, il vous sauvera au plus fort du danger et les portes de l'Enfer ne prévaudront jamais contre vous. Comme *Sidrach*, *Misach* et *Abdénago* précipités vivants dans la fournaise ardente, vous sortirez sains et saufs de cette épreuve sans pareille ?...

Le Christ — on a eu raison de le dire — *n'est jamais vaincu.* Il est l'agneau, mais c'est l'agneau Divin qui terrasse le Dragon infernal. Sur cette mer sans cesse agitée, vogue au milieu des tempêtes, le vaisseau qui porte dans ses flancs les destinées de l'Eglise, toujours ballotté mais jamais submergé, il flotte et ne sombre point « *fluctuat nec mergitur* », même quand ses flots sont du *sang !...* O providence de Dieu ! que vous êtes adorable !...

Quoi que puissent faire Satan et le monde contre le *Christ* et son Vicaire, il est toujours vainqueur, toujours il règne, toujours il conserve son Empire — le Christ est aujourd'hui ce qu'il était hier, ce qu'il sera demain — le « Christus *vincit*, Christus *regnat*, Christus *imperat* » sera donc toujours vrai !...

Quel potentat peut en dire autant de lui-même !...

IV,

Arrivée au Monastère de Fontfroide
Frère portier et Père hôtelier
Intérieur de l'Abbaye

Tout en causant et en nous communiquant mutuellement nos réflexions sur des sujets aussi graves et qui devraient préoccuper au plus haut point la conscience publique, nous arrivons sans trop nous en apercevoir et sans la plus légère fatigue aux portes du *Couvent*, but de notre voyage.

Avez-vous jamais visité cette partie reculée des *Corbières*, ce vallon étroit et resserré, entouré de collines abruptes ou plutôt de petites montagnes superposées graduellement, présentant de tous côtés, sur leurs sommets *les plus sauvages*, aux regards édifiés des touristes ou du pélerin, le signe sacré de notre Rédemption, la *Croix* divine, adorable, s'élevant dans les airs, comme le doigt de la terre qui nous montre le Ciel ?... C'est dans ce lieu, connu dans le pays sous le nom de : *Vallée de Fontfroide*, que les disciples de Saint Bernard fondèrent un Empire *spirituel*, vers l'année 1145 de l'Ère Chrétienne.

L'époque précise de la fondation de Fontfroide n'est cependant indiquée dans aucune pièce, parce qu'ici, comme pour beaucoup d'autres Abbayes devenues célèbres par la suite, le Monastère s'est fondé très simplement, par la réunion de quelques Religieux cultivant *eux-mêmes* la terre... et priant. Les origines modestes laissent peu de traces écrites ; le Couvent de Fontfroide n'en a point conservé pour les premiers temps de ses annales, celles qui restent sur divers points de son histoire suffiront, à l'avenir, pour démontrer son ancienneté et pour attester l'influence considérable qu'il exerça dans nos contrées pendant plus de sept siècles.

A dater de 1097, un grand nombre de donations mentionnent spécialement *Font-froide* — Sainte Marie de *Font-froide* — Abbaye de *Font-froide*.

En 1149, le 15 des Calendes de Février (18 Janvier), le Comte de Barcelone, Prince d'Aragon, Marquis de Lérida et Souverain de Tortosa, *Raymond*, donne à Font-froide le terrain de Poublez ou Poblet, pour fonder le Monastère devenu si illustre plus tard et où furent ensevelis, dans la suite, les Rois d'Aragon.

Or, cet Empire spirituel fondé dans la *Vallée de Fontfroide* par les disciples du grand Saint Bernard, est toujours debout ; il subsiste encore aujourd'hui; des prosélytes morts à la terre le soutiennent de leur pauvreté, de leurs sacrifices, de leurs abnégations, de leur vie enfin toute remplie de mortifications, de pénitence, de privations, de leur *vie*, qu'il serait plus exact d'appeler une *mort* continuelle mais attrayante et douce néanmoins, au milieu des plus effroyables austérités et des souffrances les plus intolérables : *Illis summa voluptas longo supplicio mori !*

« *Ce sont des fous*, » diront inconsciemment ceux qui ne comprennent pas la grandeur et la dignité de leur immolation. Oui, des fous, mais des fous *sublimes* en proie à la plus respectable, à la plus sainte des folies, la folie de la Croix ; des fous inconcevables pour la plupart des humains, des fous ennivrés par le divin Nectar des souffrances et ne demandant qu'à *souffrir* et à souffrir toujours : « *Fac me Cruce inebriari*, » semblent-ils dire à chaque instant de leur existence. « Faites, ô mon Dieu, que la Croix produise en moi cette ivresse inexprimable qui me fasse oublier *la folie du monde !* »

Ils l'oublient, en effet, complètement, cette funeste et pernicieuse folie des sens, des honneurs, des richesses, et au milieu des privations les plus cruelles pour la nature, il n'est pas rare d'entendre un pauvre Moine s'écrier, à la fin de sa journée : « Seigneur, je ne sais si vous êtes content de moi, mais je suis *bien content* de vous ! »

Un autre, à qui l'on observait qu'il devait cruellement souffrir par suite des abstinences et des jeunes quelquefois considérablement prolongés, répétait avec une bonhomie joviale : « Quand le cœur et l'esprit sont contents, le *ventre* peut bien *serrer un peu* la courroie ! »

Enfin, le plus grand de nos poëtes modernes, l'incomparable Lamartine, dans un admirable élan de franchise et de vérité, ne s'est-il pas écrié en vers harmonieux :

La voix des passions se tait sous leurs silices,
Mais leurs austérités *ne sont pas sans délices* ;
Le Dieu qu'ils *ont cherché* ne les délaisse point !...

Ce n'est pas tout : cette vie, *la plus dure* qu'on puisse concevoir est aussi la plus libre, et par conséquent la plus poëtique. — je serais presque tenté de dire : la plus *enviable*, que la *raison* puisse imaginer. En effet, une seule chose enchaîne la liberté humaine, c'est *la crainte*, et, toute crainte se réduisant à celle de souffrir, rien n'arrête plus celui qui s'est fait de la souffrance une joie et une gloire !

Victor Hugo lui-même, l'infortuné poëte, ne l'a-t-il pas avoué clairement dans les vers suivants, qui s'appliquent si bien à notre sujet ? Ecoutez :

Tous ceux qui savourant la beauté de ce lieu
Aiment, en quittant l'homme à s'approcher de Dieu
Et qui, laissant ici le bruit vague et morose
Des troubles de leur âme, y prennent quelque chose
De l'immense repos de la création ; .

Tous ces hommes sans or et sans ambition
Et dont le pied poudreux ou tout mouillé par l'herbe
Te fait rire, emporté dans ton landau superbe,
Sont, dans ce grand désert qui te remplit d'effroi,
Plus riches, plus heureux et plus libres que toi !...

Pénétrons enfin dans la sainte demeure : nous voici en face de la grande porte d'entrée ; le Frère portier, l'humble et modeste « *Frère Jean-Pierre* », ancien soldat qui a conservé sous le froc monastique les allures franches et décidées de la vie militaire, nous accueille avec cette bonhomie bienveillante et sereine que tout le monde lui connaît.

A la vue du pantalon rouge de celui qui m'accompagne, son œil s'anime, son teint se colore et la taille de ce *vétéran* de nos guerres d'Afrique, chargé d'ans, de gloire et de vertus, se redresse soudain : le clairon de Constantine et d'Isly semble avoir tout-à-coup retenti à ses oreilles et avoir réveillé tous ses souvenirs depuis longtemps endormis... Il nous adresse gracieusement quelques paroles de bienvenue, qu'il accompagne d'un sourire ineffable et sa débile main d'*octogénaire* se suspend à la cloche d'appel :

Il sonne !... Il sonne !...
Il carillonne !...

tant et si bien que le *R. P. Etienne,* si avantageusement connu de tous ceux qui ont eu le bonheur de mettre, une fois dans leur vie, les pieds à Fontfroide, accourt et se met à notre disposition. Nous voilà entre les mains du Révérend Père hôtelier.

C'est un homme dans la force de l'âge, portant bien et gaillardement le poids des ans qui commencent à s'accumuler sur sa tête vénérable ; sa physionomie *franche* et ouverte, son crâne *entièrement* lisse et poli, ne portant plus depuis longtemps aucune trace de chevelure, vous inspirent tout d'abord une confiance sans limites, un respect profond, quelque chose qui ressemble à cette *vénération* que l'on doit éprouver en la présence d'un Saint.

Instinctivement, on se sent attiré vers lui ; doué d'une activité sans pareille et d'une intelligence d'élite, ses fonctions l'autorisent à rompre le silence imposé à ses frères et à parler aux nombreux étrangers avec lesquels il se trouve journellement en rapport ; il use *élégamment,* hâtons-nous de le dire, de la prérogative que la règle lui accorde. Ses conversations aussi variées que pleines d'édification et d'intérêt, car sa science ne paraît pas moindre que son affabilité, sont toujours marquées au coin de la plus parfaite éducation et empreintes d'un *à-propos,* d'une rectitude d'esprit et de jugement que l'on rechercherait vainement parmi les mondains même les mieux *stylés* et le plus avantageusement doués sous ce rapport.

C'est une grande erreur de se figurer, comme

quelques-uns se l'imaginent, que la piété *nuit* dans l'homme au développement régulier de ses qualités naturelles, qu'elle comprime et étouffe l'essor de la pensée, qu'elle est incompatible avec une certaine étendue d'esprit... La *Piété*, loin de déflorer ce qu'elle touche, l'élève et le purifie; elle ajoute aux heureuses dispositions qui sont en nous l'œuvre de la nature, un surcroît de force et de sagesse qui est l'œuvre du *Saint-Esprit*.

Selon cette parole de l'Evangile : « *Quærite primum regnum Dei et justitiam ejus, et hæc omnia adjicientur vobis*, » il se trouve que précisément parce que la vie religieuse a été organisée en vue de faire des *Saints*, elle s'est trouvée organisée du même coup de manière à faire des hommes parfaits au point de vue naturel. Nul, sur la terre, n'est comparable à l'homme religieux pour la puissance d'esprit et de réflexion, pour l'énergie de la volonté, pour la vigueur et la capacité d'agir et de souffrir — cela est nécessairement vrai pour quiconque sait et veut réfléchir.

Observons, du reste, que les vertus religieuses, lorsqu'elles sont *vraiment* pratiquées, remplacent et complètent elles-mêmes la bonne éducation et donnent une politesse bien supérieure à celle des gens du monde. On peut, avec de la vertu, ne pas connaître les usages arbitraires de la politesse usuelle, mais dans sa ligne générale de conduite, un homme *réel-lement* vertueux est si humble et si digne tout ensemble, si charitable et si respectueux à la fois, que les plus difficiles parmi les plus raffinés doivent s'en tenir *satisfaits*. Tel est le digne religieux qui nous reçoit et avec qui nous devions, plus tard, faire une plus ample connaissance (1).

A sa suite, nous entrons… Nous traversons l'antique cour d'honneur, vaste et imposant rectangle qui s'étend devant nous, et nous pénétrons dans l'intérieur de l'*Abbaye*, dans les flancs de ses imposantes murailles encore debout comme aux siècles passés, car

> Le temps qui ronge tout de ses dents incisives
> N'a pas encore mordu sur ces pierres massives…

Ce qu'on éprouve alors ne peut se dépeindre : sous ces voûtes sombres et sévères, en gravissant cet escalier monumental qu'ont déjà gravi et descendu depuis *plus de sept siècles* tant de graves et saints

---

(1) Le R. P. Etienne, aujourd'hui malade et infirme, s'est vu obligé de résigner ses fonctions d'hôtelier entre les mains du *R. P. Nil* qui, nous pouvons l'affirmer par une expérience toute personnelle, s'acquitte des devoirs de sa charge avec la même distinction, la même affabilité, le même dévouement que son vénérable prédécesseur.

personnages, imposant dans sa majestueuse immobilité comme un revenant des temps écoulés et dont les
pas réitérés ont fini par user profondément les mar-
ches de granit larges, solides, plusieurs fois séculaires, on se sent malgré soi tout impressionné, *totalement* transformé.

L'aspect de ces murs antiques, de ces voûtes colos-
sales, de ces constructions indestructibles où, deci
et delà, les années ont déposé leur teinte grise ou
leur couche verdâtre, couleur lugubre des ans accu-
mulés ; la vue de ces asiles sacrés qui ont abrité dans
leur enceinte granitique le Vénérable Pierre de
Castelnau, légat du Pape, et plus tard le savant et
pieux Pontife *Benoît XII*, le plus illustre de nos
compatriotes, alors qu'il n'était encore que *simple
Abbé* de Fontfroide, et à la famille duquel l'auteur de
ces lignes se fait gloire d'être allié (1) ; l'aspect de ces
lieux où depuis plus de sept cents ans, ont vécu et
sont morts en odeur de sainteté un si grand nombre
d'autres pieux et respectables religieux, vous saisit
d'une émotion profonde et d'un entraînement irrésistible. Ailleurs, on sentira naître en soi peut-être la

(1) Voir : *Fastes de la Légion d'Honneur*, par MM. Llewryns,
Verdot, Bégat, tome 3ᵐᵉ, page 539, en note de la biographie
du général baron Sarrut. Voir aussi : *Panthéon de la Légion
d'Honneur*, par Th. Lamathière, art. Sarrut.

noble ambition de la science ou le désir si naturel de la gloire ; ici, l'on se sent devenir meilleur et l'on sait avec certitude qu'il existe une science infinie, une gloire éternelle, dont ce qu'on appelle science et gloire ici-bas n'est pas même l'*ombre*, et qui doit être un jour notre partage. On soupire après ce jour béni, et l'on porte doucement cette attente en adorant la volonté de Dieu.

Une fois entré dans cet asile du recueillement et de la prière, on dirait que le temps et les accidents ordinaires de la vie n'ont plus leur caractère habituel. Ce n'est plus l'agitation quotidienne de l'exil, ce n'est pas non plus le repos de la patrie ; c'est quelque chose d'intermédiaire. L'âme se trouve ici transportée, en quelque sorte, dans une région calme et sereine ; là, sans qu'elles s'écoulent vite, les heures ne fatiguent pas ; elles semblent, au contraire, en s'envolant doucement, soulever l'âme comme si on lui ôtait le poids et le souvenir même des choses qui l'oppressent ailleurs. On n'a pas à chercher, ici, à remplir son esprit et son cœur ; l'esprit et le cœur sont remplis. On n'a pas à faire effort pour méditer; on se sent isolé, comme *sequestré* du commerce des hommes, comme-étranger au reste de la terre ; les salutaires pensées, les bons sentiments viennent comme d'eux-mêmes et l'âme n'a qu'à se laisser glisser sur la pente naturelle de sa rêverie pour se trouver bientôt plongée dans une sérieuse et sainte méditation.

Là, tout favorise son développement et son action ; l'air qu'elle respire n'est ni vicié par les grossières vapeurs de la volupté, ni bouleversé par les orages des affections humaines ; elle y retrouve quelque chose de la céleste sérénité et du calme divin qui semblent le partage exclusif des intelligences *affranchies de la matière* ; elle y garde les ailes et la chasteté de la colombe — de ces pures régions elle remonte librement vers le Dieu d'où elle est descendue.

C'est ici le séjour du véritable repos, autant du moins qu'on peut le trouver en ce monde et, comme me disait un pieux commensal, *avocat éminent* du barreau de Perpignan, qui se trouvait en même temps que moi au Monastère : « Quand on vient à Font-« froide, on n'a pas besoin d'y passer des semaines « entières, pas même des journées complètes ; au bout « d'un *quart d'heure*, l'aspect de ces lieux bénis vous « a déjà inspiré et procuré ce que l'on vient y cher-« cher, le calme de l'esprit et la douce tranquillité « du cœur.

Mais, c'est bien autre chose, quand, une fois à l'intérieur, on voit s'avancer au-devant de vous, se profiler dans de longs corridors voûtés, des figures qui ne ressemblent à rien de terrestre, des figures

empreintes d'aménité, d'amour, de douceur et d'espérance, vous diriez de ces types divins d'*Anges de la
solitude* dont l'apparition nous fait tressaillir quelquefois dans nos rêves...

Ce sont là, oui vraiment, ces hommes incomparables que le monde, avec une légèreté inconsciente
quand elle n'est pas coupable, poursuit sottement de
ses sarcasmes, de ses rancunes, de ses clameurs et
souvent de ses injustes malédictions — *hi sunt quos
fatue mundus abhorruit !*

Ce sont là ces hommes que les faux sages du siècle,
les gommeux et les esprits forts regardent passer à
côté d'eux, dans les rues, sur les places publiques,
en haussant les épaules de pitié, en les honorant à
peine d'un sourire de dédain, quand ils ont assez de
pudeur pour ne pas leur jeter à la face quelque
ignoble plaisanterie ou quelque blasphème révoltant.

Un jour viendra, mais il sera trop tard, alors, où
dégagés des illusions trompeuses de la terre, ils
reconnaîtront ces mêmes hommes à la droite de Dieu
le père, et dans leur confusion ils se diront entre
eux : « Les voilà donc ceux que nous tournions en
« dérision et que nous poursuivions de nos moque-
« ries ridicules. *Insensés* que nous étions !... Dicen-
« tes intra se : « Illi sunt quos habuimus aliquando
« in *derisum* et ni similitudinem improperii — *Nos
« insensati !....*

V

Le Révérendissime Père Dom Marie Jean

Le chef, le vaillant capitaine de cette noble et vertueuse phalange de Moines n'a pas un nom bien connu dans le siècle (1) et cependant tout le monde le connaît et le vénère profondément. Sa réputation de prudence, de sagesse, de sainteté s'étend au loin, non seulement dans son propre Diocèse, mais encore, pourrait-on dire sans crainte d'être démenti par aucun de ceux qui le connaissent, dans la France Catholique tout entière.... *et au-delà.* C'est le *Révérendissime Père Dom Marie Jean*, Abbé de Notre-Dame de Fontfroide, Vicaire-Général de son Ordre, un homme que l'on regarde avec juste raison comme un phénomène parmi les enfants de la foi, et qui voudra bien me pardonner d'oser *témérairement*

____

(1) Louis Léonard, né le 15 juillet 1815, à Valbonne, l'un des hameaux formant la commune de St-André de Magencoulc, canton de Vallerangue, à 20 kilomètres du Vigan.

Je n'ai pas la prétention d'écrire, ici, la biographie du Révérendissime Père Dom Marie Jean ; je veux seulement le représenter tel que je l'ai connu, à la fin de sa vie et, pour ainsi dire, aux derniers jours de son existence.

parler de lui dans cette circonstance et de proclamer tout haut, dans ce modeste opuscule, ce que chacun pense tout bas des qualités et des vertus éminentes qui le distinguent (1).

Depuis 1858, il est venu chercher dans ces lieux solitaires et retirés, dans cette antique Abbaye depuis

(1) Hélas ! le Révérendissime Père Dom Marie Jean ne peut me pardonner, aujourd'hui, que du haut du Ciel où sa belle âme est allée, au mois de novembre 1895, recevoir la récompense justement dûe à ses vertus sublimes.

Quoique ce digne Religieux ait quitté cette vie pour une vie meilleure, je n'ai pas cru devoir supprimer le moindre détail dans le chapitre que je lui avais consacré, d'autant plus que tout ce que j'ai écrit ici, à son sujet, conserve encore, je pourrais même dire avec plus de raison que jamais, tout son intérêt, toute son édification, tout son à-propos et toute son actualité.

Il repose actuellement dans une magnifique petite chapelle, à l'extérieur du cimetière de l'Abbaye, communiquant d'un côté avec la voie publique, et de l'autre, par une crypte, avec la grande Eglise du Monastère ; la piété des fidèles qu'il avait tant de fois consolés a voulu, par une souscription publique, élever ce monument à sa mémoire.

A l'époque de la translation de ses restes vénérés, *trois ans après son décès*, le corps de ce vénérable Père a été retrouvé intact et parfaitement conservé comme au jour de sa mort ; ce premier miracle, ce premier jalon, pourrait-on dire avec raison, planté dans la voie de la béatification, a été constaté par des procès-verbaux authentiques.

longtemps abandonnée, à l'abri des inquiétudes et loin du tumulte des affaires — *liber curis strepitu que rerum* — au milieu des austérités les plus rudes de la pénitence et des travaux les plus pénibles des champs, soutenu par la prière et l'oraison continuelles, ce que le monde ne peut pas donner à ses adeptes, la paix du cœur, le calme et la satisfaction que procure le devoir accompli, la tranquillité d'une bonne conscience, *ce plus grand bien* de l'âme religieuse après la grâce et le bonheur ineffables d'être unie à son Dieu. C'est dans cette pieuse retraite qu'il a voué, selon l'expression d'un grand docteur, son corps au travail, ses yeux aux larmes, son âme au recueillement et à la contemplation. « Dans les « Monastères, a écrit Bossuet, l'âme pressée de « toutes parts et comme étouffée ne peut respirer « *que du côté du Ciel !* »

Le Révérendissime Père Dom Marie Jean est aujourd'hui, non seulement Abbé de Notre-Dame de Fontfroide, mais encore *Vicaire-Général* des Cisterciens de l'Immaculée Conception ; il devrait, d'après les constitutions monastiques, fixer sa résidence dans la célèbre Abbaye de Lérins, mais par un privilège spécial et tout personnel de notre Saint-Père le Pape Léon XIII, glorieusement régnant, qui l'honore d'une *vénération* toute particulière, il a obtenu de continuer à résider parmi ses enfants, au sein de sa famille Monacale, dans cette chère Maison de

Fontfroide qu'il a si laborieusement relevée de ses ruines et à la perfection de laquelle il travaille depuis *plus de trente-six ans* avec une activité, un zèle et un dévouement sans pareils.

Ah ! lui seul sait ce qu'il lui en a coûté de peines, de travaux, de soucis, de fatigues et de sueurs pour transformer cette terre ingrate, ces champs abandonnés, en une magnifique et florissante exploitation rurale.

Un poëte païen a dit que rien ne s'acquiert, dans la vie, sans un travail opiniâtre et constant :

Nil sine magno.
Vita labore dedit mortalibus !...

S'emparant de cette pensée, l'intrépide abbé de Fontfroide s'est mis résolument à l'œuvre : toujours le premier aux travaux et le dernier à se rendre au réfectoire, il a donné pendant *plus d'un tiers de siècle,* à ses frères en religion, l'exemple des vertus les plus héroïques, de l'activité la plus prodigieuse, de la direction la plus intelligente qu'il soit possible d'imaginer. Digne représentant dans notre siècle matérialiste et grossier, des grands Moines dont parle Montalembert, dans son histoire, qui ne se retiraient au désert que pour prier et faire une salutaire pénitence — *orationis et pœnitentiæ causâ* — cet homme extraordinaire pourrait, comme eux, prendre pour emblème la *Charrue*, principal instrument de la culture agricole, et pour enseigne la *Croix* du Rédempteur, avec ces mots pour toute devise : « *Cruce et aratro.* »

On dirait, à le voir agir, que notre saint Abbé se fait un devoir et une gloire de mettre en pratique, dans toute sa conduite, les enseignements que nous suggère le Souverain Pontife Léon XIII, *poëte* aussi, dans ses moments de loisir :

Dum vivam fessos que regat dum spiritus artus,
Enitar gemitu lacrymis que *abstergere* culpas !...

Il n'a cessé, un moment, en effet, tant que ses forces ne l'ont pas trahi, tant que le Ciel lui a prodigué vigueur et courage, de s'adonner aux mortifications et aux pénitences les plus austères, afin d'effacer par ses gémissements et par ses larmes les quelques fautes légères que la fragilité humaine aurait pu lui arracher au temps de sa jeunesse ou de son âge mûr.

La santé pourtant si robuste du Révérendissime Père Dom Marie Jean a fini par s'altérer, par succomber sous le poids de tant de labeurs ; ne pouvant plus aujourd'hui, à cause de ses nombreuses et si cruelles infirmités, quitter depuis quelque temps déjà sa modeste cellule de *Bernardin,* car sa vie est comme la flamme légère d'une lampe qui continue de brûler devant l'autel et qui s'éteindrait aussitôt si on la portait seulement un instant au dehors, ne se trouvant plus, d'ailleurs, à cause de sa faiblesse physique, apte à s'occuper de la direction spirituelle des âmes, le Révérendissime Père Abbé se voit réduit à ne plus donner que sa sainte et précieuse *bénédiction* aux nombreux pèlerins et aux pieux retraitants qui viennent empressés, à tout moment, la solliciter avec la plus cordiale confiance.

Je ne crois nullement sortir de mon sujet en rappelant, ici, que je me souviens d'avoir lu dans la vie du Père Lacordaire, qu'au temps de sa vieillesse et de son expérience consommée, le grand Dominicain disait, un jour, à ses élèves de Sorèze : « C'est une « *grande grâce* que Dieu fait à un homme, lorsqu'une « grave maladie vient l'avertir de la fragilité de ses « jours. »

Oh ! comme le Révérendissime Père Dom Marie Jean sait bien apprécier toute la valeur morale de cette phrase si courte, si pleine d'instructions et si bien faite pour nous inspirer la douce résignation Chrétienne ! Comme il est habile, comme il est ingénieux à traduire dans toute sa personne, à mettre en lumière dans chacun de ses actes, dans toutes les circonstances de sa vie, cette réflexion remplie de si graves et de si utiles enseignements ; comme il s'y conforme avec abandon, en tout et pour tout, regardant comme une bénédiction du Ciel et comme une faveur vraiment sans prix, le mal qui le retient dans ses appartements Abbatiaux, dans cette *Cella* plus que modeste et cependant si douce à garder, respirant le dénûment le plus absolu, la pauvreté la plus complète, le détachement évangélique dans sa plus exquise et sa plus suave pureté... Et, ne sait-il donc pas, d'ailleurs, cet homme si profondément versé dans les voies spirituelles, n'a-t-il pas lui-même enseigné bien souvent à ses nombreux et fidèles pénitents, qu'une grâce qui passe *avant la santé*, c'est la grâce de *bien user* de la souffrance !...

Répétons-le encore une fois, car nous ne le répèterons jamais assez : le grand secret du Christianisme, secret qu'il possède à *l'exclusion* de toutes les religions, c'est d'avoir transformé la douleur au point de nous la faire aimer en celui qui nous l'envoie.

Les visiteurs assez heureux pour être introduits auprès du Vénérable patient, quand les horribles tourments qu'il endure, avec une résignation héroïque, lui laissent un moment de repos et de tranquillité, le trouvent paisiblement assis dans son modeste fauteuil de bois, les yeux humblement levés au Ciel, en face de son Crucifix, dans l'attitude sublime de l'oraison *continue* ; c'est dans la prière qu'est son cœur, c'est là qu'est toute sa force ; il prie nuit et jour, avec la simplicité de l'enfant, de l'humble femme, du pauvre, de l'ignorant ; il prie, son rosaire à la main, sans contention et sans étude, répétant toujours le même *Pater*, parce qu'on ne saurait trop implorer le *Père* des miséricordes ; le même *Ave,* parce qu'on ne saurait trop louer Marie ; le même *Gloria*, parce que les Anges n'ont point d'autre cantique pour adorer dans la langue éternelle de la louange, ce Père, ce Fils, cet Esprit que nous pouvons implorer à peine dans la langue imparfaite de la prière. Ses traits d'une douceur angélique, son front pur, blanc et serein que semblent n'avoir jamais rayé les chagrins et les peines, reflètent à ne pas s'y méprendre le calme, la limpidité, la candeur de son âme si belle. On serait vraiment tenté de dire de lui ce qu'on a dit du saint *Curé d'Ars* — qu'il n'était qu'une apparence et une écorce de ce qu'il paraissait être — il était comme une hostie de nos hôtels — au dehors, on voit les accidents et les apparences du pain, mais au dedans, c'est *Jésus-Christ.*

A l'exemple du grand Apôtre, en effet, il ne connaît et ne veut connaître que Jésus... et *Jésus crucifié;* c'est dans le livre divin de la *Croix* que, comme le docteur angélique St Thomas d'Aquin, il a appris tout ce qu'il sait.

Il est des caractères qui n'ont de signification que pour certaines âmes d'élite : dans le silence de la nuit, à travers l'immensité de l'espace, *Pythagore* recueillait l'harmonie des sphères qui roulent dans les Cieux ; *Gallien* lisait dans les fibres du corps humain l'hymne la plus magnifique à la gloire de la Divinité ; tous les Chrétiens, formés à l'Ecole de Saint Paul, savent lire dans le *Crucifix;* c'est là un livre à la portée de toutes les intelligences ; chaque homme peut y puiser à son gré l'Espérance, la Consolation et l'Amour. Mais il est peu d'âmes qui sachent en lire toutes les pages, et ces âmes choisies y découvrent aisément les instructions disséminées dans tous les autres livres et jusques dans les entrailles de l'Univers ; le Révérendissime Père Dom Marie Jean excelle à *interpréter* les caractères de ce livre mystérieux.

Parfois, et comme ombre au tableau, car

Dans le plus beau tableau se reflètent des ombres

la rayonnante paix de son visage paraît mêlée de cette tristesse ineffable qui nous semble encore atteindre les bienheureux sur cette terre, et qui n'est pas un effet de la douleur, mais un tendre témoignage de leur compassion pour nous. La souffrance *saintement* acceptée, couvant ces restes mortels, semble faire germer en eux, pour le grand jour qui n'a pas lui encore, ce que le grand Evêque de Perpignan, Monseigneur *Gerbet*, a appelé : « les formes immortelles de *presqu'un Dieu !* »

Il paraît n'avoir plus conservé de force que pour

bénir, et de visage que pour sourire à toutes les âmes qui, empressées, anxieuses, attristées, se prosternent à ses genoux. Ses lèvres trop fatiguées ne s'ouvrent presque plus pour parler — *sinon à son Créateur* — ni pour prodiguer, comme autrefois, ces conseils si salutaires et si pieux que les gens de tout âge, de tout sexe et de toute condition avaient habitué d'aller puiser auprès de lui, dans les moments difficiles et que, pour ma part, je suis heureux d'avoir reçus de sa propre bouche, dans une occasion bien solennelle et la plus critique de ma vie, hélas ! *si cruellement tourmentée !...* Mais sa main charitable est toujours levée pour bénir et consoler, car la *bénédiction* d'un père, d'un saint, n'est-elle pas elle-même une grande *consolation ?...*

En s'appliquant à faire le bien dans la mesure de ses forces, et selon l'étendue de ses moyens, ne met-t-il pas d'ailleurs en pratique, la noble et sublime devise qu'il a adoptée, sous l'inspiration du Saint-Esprit, au jour à jamais mémorable de sa consécration Abbatiale, devise qu'on peut lire et admirer au centre de son humble écusson : « *Prodesse magis quàm prœesse* — faire oublier son autorité par ses bienfaits !...

On est saisi d'une respectueuse et profonde admiration en voyant ce vieillard vénérable, cet homme jadis si énergique et si actif, qui semble ne plus tenir à la terre que par de bien faibles liens. Voilà donc ce Chrétien courageux et juste, peut-on dire avec raison, en contemplant ses traits placides et calmes, voilà ce héros, qui, à l'exemple et avec beaucoup plus de raison que les sages antiques, ne craint pas la mort !... Non seulement il peut répondre avec assurance à la douleur : « *Tu n'es pas un mal !* » Mais encore se plaçant chrétiennement en face de l'heure suprême et la regardant d'un œil assuré, il ose lui dire d'une voix triomphante : « Oh ! mort, tu es un « bien pour moi ! » *Mihi mori lucrum !...*

Oui, elle peut venir, cette mort cruelle, avec toutes ses affres, ses transes, ses angoisses, ses tortures, ses épouvantements et ses déchirantes désolations, elle trouvera impassible et ferme ce véritable type de l'homme de bien. — *Imparvidum ferient.* — Il est de la race choisie de ces Chrétiens généreux dont parle Tertullien, toujours préparés à braver la mort — *aptum mori genus* — il est aussi de ces hommes qui ne devraient jamais mourir, si la mort n'était pas l'aurore de la vie éternelle... Il sait que, pour le Juste, la fin de la vie est le soir d'un beau jour ; il se prépare depuis longtemps à quitter tout ce qu'il a d'humain et de terrestre, à se dépouiller du vieil homme pour se revêtir de l'homme nouveau — à l'exemple de l'Apôtre, appuyé sur la Croix, soutenu par la foi, encouragé par la divine espérance, il aspire avec toute l'ardeur de sa charité à être délivré de ce *corps de mort*, comme d'une prison qui le retient captif.

Le calme et la sérénité empreints sur sa physionomie au milieu des souffrances les plus aigües, révèlent en partie les glorieux secrets de cette âme prédestinée : le rapprochement progressif de la mort semble projeter avec plus d'abondance, sur son front, les paisibles rayons de l'immortalité — pour lui, son dernier jour sera bien le jour heureux des anciens — « *dies albo notanda lapillo.* »

L'attente des coups que le trépas peut frapper, n'a rien de triste et d'affligeant pour ce Moine, si ce n'est la longueur même de cette attente ; sa raison et sa foi ont dépouillé ce moment suprême des sombres attributs dont l'imagination effrayée se plaît à le revêtir ; cette reine, au spectre destructeur, ce *roi des épouvantements*, n'est point à ses yeux la puissance de la ruine et du néant, mais le Ministre divin de la rénovation et de la vie ; c'est elle qui doit enfin renverser, au nom du Ciel, les fatales barrières qui le séparent encore de l'objet de son éternelle félicité.

Et, n'est-il pas vrai, en effet, que la consommation du sacrifice suprême donne au *vrai Chrétien* beaucoup plus qu'elle ne lui ôte?... Le moment de la mort est bien le plus beau moment de la vie de l'honnête homme ; c'est là que se retrouvent toutes les vertus qu'il a pratiquées, toute la force et toute la paix dont il a fait provision, tous les souvenirs heureux, toutes les images chéries, les regrets doux et... cette *belle perspective* de Dieu à l'horizon de l'Eternité... La mort enlève au Juste ce monde qui passe, ces vanités qui l'ont si souvent trompé, ces plaisirs qui l'ont séduit, mais elle lui donne les ailes de la Colombe pour voler et se reposer à jamais au sein de la béatitude Céleste !...

C'est bien en parlant des Justes selon le cœur de Dieu que la sainte Ecriture a dit : « Visi sunt *occulis insipientium* mori, ipsi autem sunt *in pace*. » Le monde, dans sa folie, les croit morts, tandis qu'ils nagent dans un océan de paix et de délices ineffables !...

VI

Présentation du Moine-Soldat au Révérendisssime Père Jean
Eglise et Cloître du Couvent

Notre militaire ayant déclaré au Révérendissime Père Dom Marie Jean, à qui il fut présenté en même temps que moi, ses nom, prénoms, qualités, profession et domicile, comme on dit au *Palais*, fût accueilli avec une tendresse toute particulière, avec une bienveillance et une affection d'autant plus paternelles qu'il est un ancien élève — et *des plus brillants* — du Collège de *Sommières* (Gard), que le saint Religieux a dirigé autrefois avec tant d'éclat et de talent, avant son entrée dans la vie Monastique. C'était le successeur du Révérendissime Abbé de Fontfroide dans la direction de cet important établissement, qui avait présidé à l'éducation du pieux jeune homme, qui avait su distinguer en lui sa vocation sublime, qui l'avait engagé à entrer à la Trappe d'Aiguebelle où il l'avait conduit lui-même et d'où, gentil soldat maintenant, il n'était sorti que *momentanément*, par la force et l'injustice des lois d'exception et des décrets de malheur qui l'en avaient éloigné pour *trois ans.*

Profondément attaché aux institutions de son ordre et dirigeant toutes ses aspirations vers la perfection monacale, ce digne enfant de Saint Benoît aurait désiré, durant les quelques jours qu'il se proposait de passer dans la solitude, revêtir la sainte livrée des cœnobites à la place de l'uniforme militaire, que le devoir l'obligeait à porter, mais qu'il eût échangé volontiers contre la modeste robe de Cistercien. Il aurait souhaité pouvoir aller au Chœur unir ses chants à ceux de ses frères, manger à la table commune, coucher sur la dure, se lever — *summo mane* — pour célébrer les louanges de Dieu, en un mot suivre en tous points les saints exercices du Cloître, en compagnie de Religieux presque du même Ordre et astreints à peu près à la même règle que lui.

Sur l'avis du Père hôtelier, il en fit la demande au Révérend Père François *Xavier* (1), prieur du Monastère, qui, avec sa grâce et sa bienveillance habituelles avait semblé l'agréer tout d'abord ; mais, sans doute, le court séjour que le Soldat-Trappiste devait faire au sein de l'Abbaye (*trois jours à peine*) fut la seule

---

(1) Aujourd'hui successeur du Révérendissime Père Dom Marie Jean, son oncle, et comme lui Abbé de Fontfroide et Vicaire-Général de l'Ordre.

cause pour laquelle on ne jugea pas à propos de faire droit à ses pieux désirs.

Je ne dirai rien, ici, de la vaste et superbe Eglise du Couvent, si complètement et si savamment restaurée par les Moines depuis leur arrivée dans ce désert, avec le goût le plus pur, le plus artistique et l'intelligence la plus éclairée, sous l'habile et infatigable direction de leur Abbé.

Monument du *douzième* siècle, elle frappe les regards du visiteur par son style sévère et grave, comme il convient à un Sanctuaire *Abbatial* ; ce ne sont point ici les blancs et candides vêtements de l'épousée, jeune et radieuse, mais les sombres habits de la veuve inconsolable et pénitente ; ce n'est point Magdeleine aux jours brillants et sereins de sa grâce et de sa beauté séduisantes, mais Magdeleine repentie, inondée des larmes de la componction, recouverte du cilice et revêtue d'un pauvre sac de corde grossière.

Je ne parlerai pas davantage du Cloître splendide, œuvre de perfection achevée, légué à la postérité par le *treizième* siècle et remis *presque à neuf* par les travaux minutieux et délicats de ses nouveaux habitants, qui renferme dans ses sculptures et ses décorations multiples, comme autant de perles dans un riche et somptueux écrin, des merveilles si rares et tant appréciées des véritables connaisseurs. L'amour de Dieu, d'ailleurs, est la grande inspiration de l'art ; il n'y a pas de ruines qu'il ne répare, de laideur qu'il n'embellisse et ne transfigure ; l'art *qui aime Dieu* chante, bâtit et cherche, avec le ciseau ou le pinceau à glorifier celui qu'il aime et veut faire aimer.

Qu'il me suffise de dire ici, pour les faire apprécier à leur juste valeur, que ces deux portions véritablement précieuses du Monastère, qui dans leur langage *gothique* semblent vous presser de croire, de prier et d'espérer, ont été jugées dignes, à cause des beautés exceptionnelles qu'elles renferment et conservent, d'être classées au nombre des *Monuments Historiques* du département de l'Aude.

Dans ce dix-neuvième siècle à une époque où l'on ne sait guère plus construire que de vastes et immenses gares, que des ponts gigantesques et trop souvent croulants, que de trop beaux et trop dispendieux palais scolaires ou de malsaines et ruineuses salles d'opéra (grands ou comiques), ce fait, ce classement m'a paru d'autant plus significatif et digne de remarque qu'il me semble prouver *clairement* la haute et incontestable valeur artistique des constructions qu'il tend à préserver de la ruine et de l'oubli.

Je ne suis assurément pas assez compétent dans la matière, ni assez confiant dans mes propres lumières pour entreprendre une description sérieuse et détaillée de ces beaux monuments, remontant, comme je l'ai déjà dit, ainsi que les constructions qui les avoisinent en plein Moyen-Age, à ces temps reculés que, dans un certain monde, qui n'hésite pas pourtant à se croire et à se proclamer éclairé, on appelle sottement « *la nuit du Moyen-Age.* » (1).

Je n'ai pas d'aillenrs la prétention ni la suffisance (eh mon Dieu, jo sais très bien que la *suffisance* ne *suffit* pas toujours) de faire dans ces modestes pages un traité complet de l'Art architectural à Fontfroide, ni une étude approfondie de toutes les beautés archéologiques qui peuvent se rencontrer dans cet asile de la piété, de la science et du travail :

---

(1) A propos du Moyen-Age tant discrédité par les ignorants et les gens de mauvaise foi, écoutez ce que disait, dans une conférence qu'il a donnée récemment à Marseille, le célèbre socialiste *Jules Guesde :*

« Le Moyen-Age, a-t-il dit textuellement, nous apparaît « environné de ténèbres et d'horreurs, grâce à l'imagination « *mensongère* des historiens, mais les *misérables* et les « *imbéciles* sont seuls à croire leurs propres divagations. « Le pouvoir des nobles et des Prêtres *a eu sa raison d'être,* « sa raison sociale. Le prêtre *instruisait le peuple* tandis « que le gentil-homme soldat le défendait de sa grande « épée et de son large bouclier. »

Et l'assistance radicale et socialiste a salué de ses applaudissements répétés..... Voilà le Moyen-Age d'après *Jules Guesde* lui-même.

d'autres, plus aptes que moi sur ce point, devront se charger de ce soin et s'acquitteront de cette tâche avec un zèle et une perfection consommés auxquels je suis loin d'aspirer moi-même, et auxquels je serai heureux de pouvoir, à mon tour, rendre un juste et légitime hommage.

Mon intention est, uniquement, de me borner à faire part, au lecteur, de quelques *observations générales* et de quelques *impressions particulières* sur ce qui m'a le plus frappé parmi les hommes et les choses, durant mon séjour, hélas, trop court, dans ces lieux solitaires et retirés.

VII

Le Cimetière du Couvent
Tombeau de Monseigneur Claret y Clara.

Le jour de notre arrivée fut marqué par une circonstance qui nous remplit le cœur et l'âme d'une indicible et bien pénétrante émotion : je veux parler de notre visite au petit *Cimetière de Fontfroide*. Il est contigü à l'Eglise Abbatiale, comme pour bien témoigner à tous, que ceux qui reposent en ce lieu n'entendent point se séparer, même après leur mort, ni de lenrs frères en religion, ni du Dieu qu'ils ont servi, béni et adoré pendant leur vie.

Aux siècles de foi, les cimetières étaient presque tous placés *autour* des Eglises.

Quand elle pût respirer après ses longues souffrances, la religion Catholique réunit les corps dispersés des Chrétiens, les ensevelit avec honneur sous le pavé de ses temples ou au moins dans la terre *voisine* du sanctuaire : ainsi nos cimetières se sont trouvés rapprochés de nos Eglises. Les générations présentes

vivent aujourd'hui où dorment les siècles passés et,
dans beaucoup d'endroits encore, le champ des morts
entoure la Maison de Dieu :

> Du Temple Saint la flèche altière
> domine l'enclos funéraire,
> Où chaque mort est maintenant
> poussière ;
> Où tôt ou tard, chaque vivant
> se rend.....

Le Cimetière !... Nom qui indique le lieu où l'on
prend son véritable repos, vrai dortoir du dernier
sommeil, comme le dit la Bible « *il dormit avec ses
pères* », nom qui rappelle au Chrétien le dogme
consolant de la résurrection.

Oui, la langue Chrétienne appelle avec juste raison
nos cimetières : « *un dortoir* ». Parole d'heureux
présage, qui place la tombe sous la protection de
l'Espérance et qui ôte à la mort son horreur, en nous
la faisant envisager comme un bienfaisant sommeil.
Savez-vous pourquoi un cimetière est un lieu sacré,
pourquoi sa terre est appelée une « *terre sainte* » ?...
Ce n'est pas seulement parce que le corps de
l'homme s'y repose, c'est parce qu'il s'y *dissout*,
parce qu'il y subit sa peine, parce qu'en devenant
poussière, la chair de l'homme se purifie et se prépare
à la glorification. Le Cimetière est déjà un *ouvrier*

disposant le nouvel édifice par la destruction de l'ancien.

Aujourd'hui, l'impie qui a peur de la mort voudrait que jamais la pensée du dernier moment ne lui vint à l'esprit. On éloigne des villes, des villages même le lieu du repos ; on le cache dans les replis des collines — que dis-je ?... on voudrait ramener les usages païens — on rétablit les *fours crématoires*, et l'on voudrait cacher au fond des *Urnes* tout à la fois les cendres et l'oubli. Alors, dans un temps plus ou moins éloigné, plus de tombes, plus d'enceintes funèbres, plus de pensées de la mort. Rêve impie autant qu'insensé !... Non, les tombeaux et les souvenirs des morts Chrétiens ne disparaîtront pas !...

A cette époque où, d'ailleurs, on oublie si facilement la fragilité de l'existence humaine, où l'on s'attache tant.à ces jours passagers et rapides qui composent toute la vie de l'homme, quels sublimes enseignements, quelles graves leçons ne pouvons-nous pas, ne devons-nous pas puiser et recueillir sur les *tombeaux* de ceux qui nous ont précédés dans cette vallée de larmes !...

« Ah ! le bon livre d'examen *qu'une tombe !* » disait, à la fleur de son âge, la pieuse et sensible Eugénie de Guérin : « Comme on y lit de vérités, « comme on y trouve de lumières ; comme les illu-

« sions, les rêves de la vie se dissipent !... Et les
« enchantements !... Au sortir de là le monde est
« jugé ; on s'en détache, on le méprise !... »

Le pied sur *une tombe* on tient moins à la terre !...

L'opinion qui considère la mort comme un
« *port* » placé au terme d'un long voyage et qui
compare les divers accidents de la vie à ceux d'une
navigation orageuse, m'a toujours semblé une de ces
idées *morales* et *populaires* qui, chez les anciens,
avait passé du langage de la philosophie dans celui
de la pratique. Je la retrouve à travers toute l'antiquité Grecque et Romaine, je la rencontre dans
l'antiquité Chrétienne, exprimée dans les écrits des
Sages et réalisée par la main des artistes sur divers
monuments religieux. Il n'est pas rare de voir
l'image emblématique de la vie, représentée par une
mer en courroux, sur laquelle un navire trace un
sillon fugitif, avec cette devise significative : « *Sic
transit gloria mundi.* »

Les Cimetières ont tous leur langage, quelquefois
sévère, quelquefois gracieux, plus empreint de tristesse ou plus brillant des reflets de l'immortelle *Espérance*... Pour moi, je ne connais pas de tableau
plus complet et plus saisissant au point de vue moral
et religieux que celui que nous offre le Cimetière
d'une Abbaye... Là, tout est inspiré par la foi !...

Allez à Fontfroide : le religieux arrivé au bout de sa carrière, comme le laboureur au bout de son sillon, se repose, s'endort, dans le Seigneur, heureux et souriant d'avance aux gloires éternelles qui l'attendent. Non, ne les plaignez pas ; ne les appelez pas « *Les pauvres morts* » : ils ne sont que défunts « *défuncti* » mot d'une admirable justesse et profondeur ; ils ont fini leur tâche... ils sont arrivés au *port*...

« Vous pleurez, semblent-ils nous dire du haut des Cieux où ils habitent,

> Vous pleurez, et déjà dans la Coupe Sacrée,
> J'ai bu l'oubli des maux, et mon âme enivrée,
> Entre au Céleste *port !*...

On descend pieusement dans la tombe que vient de creuser un de ses frères, ce corps usé mais sanctifié par les salutaires austérités de la pénitence : la Croix de l'Espérance, la même pour tous, orne sa dernière demeure. Là, dans ce cimetière au plutôt dans ce *dortoir*, vous ne voyez que le signe de la rédemption et quelques fleurs funéraires, les fleurs mélancoliques du souvenir et de la sépulture. De pompeuses épitaphes, de louanges menteuses, de gloire mondaine pour *personne*, quel que soit le rang souvent *très élevé* que le mort ait occupé dans la société des vivants, le nom seul du Religieux sur

la Croix ñue du Sauveur... et c'est tout... et c'est
la Croix seule qui garde sa dépouille mortelle.....
Egalité touchante !... *Fraternité* sublime !... qui
du sein du monastère accompagne le Moine jusque
dans son tombeau.

Dormez donc, ô morts, à l'ombre salutaire de la
divine Croix !... Dormez en paix dans votre cercueil, que la foi nous apprend à considérer
comme un *berceau* où l'enfant de Dieu s'endort,
en attendant l'heure du réveil dans la patrie
Céleste !... Attendez avec confiance, au champ du
repos, le moment du grand appel, le jour des
dernières justices d'un Dieu miséricordieux et bon
que vous avez apaisé ici-bas ?..... Quant à vous qui
passez dans ces lieux funèbres, au milieu de ces
monuments simples et sévères, la Croix semble vous
demander encore *deux choses*, une réflexion et une
prière !... Oui, ne l'oublions pas, le souvenir de
la mort est un moyen souverain pour une vie sainte.
Il détache du monde qu'il faut bientôt quitter : il
modère les joies excessives ; il adoucit l'amertume
des afflictions ; il porte à la pénitence, il fait opérer
le bien, que nous ne pourrons plus faire quand nous
ne serons plus : il écarte le péché : nous n'offense-
rons jamais Dieu, dit l'Ecriture, si nous pensons à
nos fins dernières : Entretenons cette pensée salutaire ; tout ce que nous voyons nous servira pour
cela : « *Replevit omnia morte* » dit le sage.

Quel contraste, grand'Dieu ! avec ces cimetières qu'on croirait transformés en *Musée*, où l'orgueil humain survit à celui qui n'est plus et, par delà les limites de la tombe, se dresse encore de toute la hauteur des pyramides et des monuments funéraires : que dire, en effet, de ces amas de pierre plus ou moins artistement sculptés, décorés avec une profusion d'un goût au moins douteux, qui de loin ressemblent à une grande ruine et de près à un étalage de marchandises à vendre ?... Est-ce bien ainsi que l'on doit honorer les morts et peut-on se recueillir véritablement au milieu de ce pêle-mêle de souvenirs bien moins religieux que profanes ?... S'y inspire-t-on bien des sentiments qui conviennent à ces lieux sacrés, et le grand Mausolée de marbre ne semble-t-il pas encore, en dépit de la dissolution qui s'opère en ses flancs, *insulter* à la modeste croix de bois qui pourrit à ses côtés ?... Que devient le sentiment Chrétien au milieu de ces vanités qui essayent de dresser leur tête *orgueilleuse* à quelques mètres à peine au-dessus du sol ?. . Voudrait-on jeter ainsi des illusions sur cette *Egalité* qui règne au royaume de la mort et qui, un jour ou l'autre, nous couche tous, nus et impuissants, sous le même niveau ?...

Quand d'un même limon nous sommes tous pétris,
Quand nous n'offrons aux vers que les mêmes débris,
D'où vient ce fol orgueil auquel on s'abandonne ?...

Ah ! que la gloire du monde est une courte fête !...
Sa joie passe comme l'ombre de l'homme — ô pâture
des vers, ô poignée de poussière, ô goutte de rosée,
ô néant !... Pourquoi t'élever ainsi ?... Tu ne sais
si tu vivras demain.....

Combien je préfère à ces somptueuses nécropoles
tel ou tel cimetière de campagne que je connais
bien !... Il est là, le long de la grande route, tout
autour de l'Eglise ; de loin, vous n'apercevez que le
vieux clocher tout moussu, sur lequel le temps a mis
de si jolis tons gris-argent ; puis au détour du chemin,
une forte haie au-dessus de laquelle vous voyez
apparaître de place en place, le sommet d'une *Croix*
de bois.

C'est là, *entrez...* il n'y a qu'à soulever le loquet
de la porte à claire-voie, et vous voilà dans l'allée
qui partage en deux le champ du repos et conduit
à la sacristie de l'Eglise.

A droite, à gauche les tombes s'espacent sans
grand alignement ; on sent qu'il y aura de la place
pour tout le monde : on n'éprouve pas le besoin de
batailler.....

Les morts sont là chez eux, dans ce petit coin sur
lequel l'Automne a mis tous les ors, toutes les rouilles,
tous les safrans de son écrin. Les bruits du village
n'y parviennent qu'adoucis, et pendant la semaine,

le silence n'y est troublé que par la vieille cloche sonnant là-haut, dans le clocher plein de nids, pour réclamer des prières. Oui, les morts sont là, bien chez eux, couchés dans un *pêle-mêle* indescriptible et touchant :

Dix jours, un mois, cinq ans ! c'est le côté des Anges !
Et j'avance... et toujours : un an, trois ans, deux mois !
Des herbes et des fleurs et des chants de louanges
    Sur les petites Croix !.....

A côté de cette petite tombe, c'est la tombe d'un vieillard, et les deux croix m'apprennent que le *même jour*, la mort a moissonné l'enfant qui voulait vivre et le vieillard qui ne pensait pas encore à mourir. Là, c'est la tombe d'un père, d'un adolescent, d'une jeune fille, d'une épouse adorée, d'une mère qui laisse de nombreux orphelins. Oh ! quel *entre-croisement* dans ce champ de la mort !.. On dirait d'une forêt que la foudre a dévastée, jetant çà et là arbustes fragiles, arbres vigoureux et vieux chênes, et partout je lis ces mots « *Souvenirs... regrets éternels !....* »

Oui, un cimetière serait le lieu des douleurs et des éternels désespoirs si la *croix* de Jésus-Christ ne le dominait et si l'homme obéissant aux inspirations d'un cœur chrétien, ne pouvait y pratiquer la religion des tombeaux, ce culte que nous rencontrons

chez tous les peuples près du dogme de la vie future
et qui révèle au plus haut point les *instincts religieux*
de l'humanité tout en devenant pour nous la preuve
même de notre immortalité !

« La nature humaine, dit à ce sujet Chateaubriand,
« se montre supérieure au reste de la création et
« déclare ses hautes destinées. La bête connaît-elle le
« cercueil et s'inquiète-t-elle de ses cendres ? Que
« lui font les ossements de son père où plutôt sait-
« elle qui est son père, après que les besoins de
« l'enfance sont passés ? Parmi tous les êtres créés,
« l'homme *seul* recueille la cendre de son semblable
« et lui porte un religieux respect : à nos yeux, le
« domaine de la Mort a quelque chose de sacré. »

« Il y a une grande preuve morale de l'immortalité
« de l'âme, ajoute le même écrivain « dans la
« vénération des hommes pour les tombeaux »

Oh ! le charme pénétrant du petit cimetière de
campagne, pressé autour de son Eglise comme
l'enfant se presse contre sa mère. Il semble qu'à
travers les antiques vitraux ébréchés, la petite lampe
de sanctuaire veille encore sur la dépouille de ceux
qui sont partis : il semble que les morts y sont moins
seuls et qu'immobilisés dans l'éternel repos, ils ont
un jour où les vivants viennent les revoir et, les
genoux dans l'herbe, supplier Dieu pour les tré-

passés..... car tout est là — *C'est une bonne et salutaire pensée de prier pour les défunts.*

Que peuvent faire contre ces dogmes toujours debout au milieu des ruines de tous les âges, les prétentions de nos impies et de nos *libre-penseurs ?,..* Le cimetière ne serait donc plus qu'une terre maudite qui se serait entr'ouverte un jour pour abîmer dans la pourriture nos plus chères espérances !.... Mais, qu'auriez-vous donc aimé dans les vôtres, si ces âmes ne vivent plus quand elles ont quitté ce monde, si ces corps eux-mêmes ne sont réservés à aucune gloire ?,.. Tout finit-il pour vous à la pierre du sépulcre sur laquelle vous ne voulez pas élever la *Croix ?*

Laissez là vos désespérantes doctrines — pour nous, la Religion seule console nos dernières heures et consacre nos espérances en l'avenir.

Remarquons, pour nous résumer sur ce point important, que si les hommes sont à plaindre en bien des choses, ils le sont *tout particulièrement* en la futilité de leurs tombeaux. Quel rapport entre cet enrichissement, cette sculpture parfois si gracieuse, si achevée, et cette cendre, cette poussière, ces ossements à qui toutes ces décorations, quelque précieuses qu'elles puissent être, d'ailleurs, ne donnent ni rehaussement ni valeur. Ah ! si nous n'étions pas aussi aveuglé par les *sens,* si nous avions un peu plus de foi, nous comprendrions que la moindre prière serait plus agréable et plus utile à nos regrettés défunts que toutes ces richesses accumulées et dépensées en pure perte sur leur dépouille mortelle.

En contemplant, en admirant, *si vous voulez,* ces splendides et grandioses monuments, ces paroles du plus excellent de tous les livres après l'Ecriture Sainte, me reviennent à la mémoire et je ne puis m'empêcher de vous les citer : *Disce humiliari, pulvis atque cinis* — apprends donc à t'humilier, ô homme, qui n'es que cendre et que poussière ! »

Indépendamment de l'avertissement célèbre « *memento homo, quia pulvis es et in pulverem reverteris* » que l'Eglise Catholique a introduit dans sa liturgie, au jour des Cendres et dont tout chrétien connaît bien le sens et la signification, la même idée de destruction et d'anéantissement de l'être matériel se retrouve chez tous les peuples, dans leurs divers écrivains et à toutes les époques :

« Mes années s'écoulent rapidement, a dit Job
« dans ses immortelles doléances, et je suis un
« chemin sur lequel je ne reviendrai pas. Voilà que
« mes forces s'en vont, le terme de mes jours appro-
« che et il ne me reste plus qu'un tombeau — *solum*
« *mihi superest sepulcrum !* »

Et Horace n'a-t-il pas dit : « Nous ne sommes qu'ombre et poussière — *Pulvis et umbra sumus.* »

Jean Gerson, dans sa danse macabre des hommes, a écrit dans son style imagé : *En la fin fault devenir cendre.*

Et Jouault dans son « Grand testament xxxix-xv » ne dit-il pas, en cette vieille langue Française, si claire et si énergique :

> Sages et folz, prebstres et laiz
> La *freide mort* en sez fllez
> Tout saysit sans exception.

Le grand Corneille, dans sa traduction de l'Imitation de J. C. ne s'exprime-t-il pas ainsi :

> Seigneur, t'oserai-je parler,
> Moi qui ne suis que *cendres et poussière !*

Ecoutons enfin l'Immortel Bossuet dénonçant, avec son autorité magistrale, la vanité des grandeurs humaines. — « Tant de fois Comte, tant de fois « Seigneur, possesseur de tant de richesses, maître « de tant de personnes, ministre de tant de conseils, « et ainsi du reste ; toutefois, que l'homme se « multiplie autant qu'il le voudra, il ne faut toujours « pour l'abattre qu'une *seule mort :* mais il n'y pense « pas, et dans cet accroissement infini que notre « vanité s'imagine, il ne s'avise jamais de se mesurer « à son cercueil qui seul, néanmoins, *le mesure au* « *juste !* »

La poésie profane elle-même n'est point restée

étrangère à cette idée morale que le souvenir de la mort doit nous inspirer. Victor Hugo, si je ne me trompe, à écrit quelque part :

> Dieu dit à la mortelle ;
> Vite, éblouis ton amant ;
> Va, pour un instant, sois belle,
> Sois, un moment, *étincelle*,
> Puis cendre éternellement !.....

Voilà les pensées les plus naturelles et les plus utiles que doit nous suggérer la vue du plus magnifique des mausolées.....

Oh ! qu'en regard de ces monuments de l'orgueil des hommes, j'aime mieux les dalles du moyen-âge ou les Croix si simples et pourtant si éloquentes du petit Cimetière de *Fontfroide !*... Elles restent au niveau du sol ; elles ne parlent au souvenir que lorsque les yeux qui les cherchent se tournent *vers la terre*, elles ne demandent pas orgueilleusement d'humbles et utiles prières.

Quand nous entrons dans un Cimetière, gardons-nous de chasser comme importune et désagréable la pensée de la mort, ainsi que toutes les futilités étalées à nos yeux voudraient *nous pousser* à le faire ; il y a dans les souvenirs les plus douloureux, dans les angoisses toujours ressenties, dans le mal que causent les plaies ouvertes et dans les gémissements qu'elles nous font pousser, il y a dans les *larmes elles-mêmes* une secrète volupté.

Pour ceux qui croient, cette douleur et cette volupté sont choses salutaires et douces : elles font prier pour les morts, ce qui est la *Charité ;* elles font désirer bien vivre, ce qui est le *devoir ;* elles font préparer à bien mourir pour revivre toujours, ce qui est le but, le *seul et unique but* de la vie de l'homme ici-bas.

Indépendamment de toutes ces considérations générales qui peuvent s'appliquer, je le reconnais, à tous les cimetières de paroisses ou de Communautés religieuses, celui du Monastère que nous visitons offre, en outre, à la piété et à l'édification des pélerins, un monument d'une simplicité toute aposto-lique, quoiqu'un peu distingué au-dessus des autres et d'où s'exhale un parfum tout particulier de calme, de repos, de sainteté : je veux parler du tombeau du grand et vénéré serviteur de Dieu — Monseigneur *Don Antonio Maria Claret y Clara* — prélat d'origine Espagnole, ayant joué, dans la seconde moitié du dix-neuvième siècle, un rôle considérable dans les affaires de la Péninsule, ancien confesseur de la Reine Isabelle II, Archevêque de Trajanopolis, pieusement décédé en 1870, à Fontfroide, sur la terre d'exil «*pour avoir toujours aimé la Justice et détesté l'iniquité* » comme porte l'inscription gravée sur la pierre mortuaire qui recouvre ses restes inanimés.

Cette âme délite s'envola sans bruit ; il n'y eut pas de discours sur sa tombe : on comprit que toute louange languit auprès des grandes actions comme auprès des grands noms et que *Dieu seul*, avec son Ciel infini et éternel, peut récompenser dignement les plus sublimes vertus.

La cause de sa béatification, à l'appui de laquelle ne manquent point les preuves ni les miracles, est, en ce moment, en instance auprès de Rome. La dépouille mortelle du pieux Pontife repose sous un simple et modeste mausolée, au fond du cimetière, adossé au mur intérieur (1).

Dans les siècles où ils vivent, disons-le en passant, les Saints sont un enseignement et une lumière : Dieu sait les susciter dans une harmonie parfaite avec toutes les corruptions, il donne leur vie comme. un *remède* à ces horribles plaies morales qui

---

(1) Les restes vénérés du Saint Prélat ne se trouvent plus aujourd'hui dans le cimetière de Fontfroide — Ils ont été transportés, il y a environ trois ans, en Espagne, dans la maison-mère de la congrégation religieuse qu'il avait lui-même fondée, mais le monument qui les renfermait existe toujours et le pieux visiteur peut encore aller prier sur cette dalle qui a recouvert le corps de l'homme de Dieu.

s'étendent sur certaines époques de l'histoire des peuples.

C'est le privilège des *Elus* et leur récompense ici-bas, que les honneurs de la terre viennent les chercher précisément au moment et dans l'endroit même où ils abandonnent les autres hommes, dans la poussière du tombeau — *Corpora Sanctorum in pace sepulta sunt, et vivent nomina eorum in æternum* — Ce même corps qu'ils ont haï et réduit en servitude pendant leur vie, devient, après leur mort, l'objet de la vénération du monde, et la vertu miraculeuse du Saint Esprit se plaît à habiter encore la cendre de leurs membres pour la glorifier à tous les yeux « *eril sepulcrum ejus gloriosum* ». Son sépulcre sera, un jour, resplendissant de gloire et d'immortalité.

Quel triomphe pour la Religion que la mort d'un Saint !... Quel spectacle vraiment digne d'étonnement que cette gloire posthume, cette vie de la mémoire, cette *canonisation anticipée* qui commence *à la tombe !...* Quel enseignement !... Quelle source de profondes réflexions, que l'on soit croyant ou non, que ces honneurs inaccoutumés rendus à la vertu d'un humble Chrétien qui s'ignore, qui se traite d'indigne, de misérable, de pécheur... *Méprisé* sur la terre, il *règne* dans les Cieux.

> Le Juste est opprimé, pareil au ver de terre,
> Ses ennemis l'ont vu gisant dans la poussière :
> Mais il sera victorieux,
> Et son tombeau demeure glorieux !..... »

Nous lisons dans la biographie de ce véritable Apôtre, qu'au moment de ses funérailles, le chantre inimitable de la nature, le *rossignol* aux accords mélodieux, comme pour rendre hommage à ses vertus et rehausser la pompe *modeste* de la funèbre cérémonie, fit entendre tout-à-coup, sur la plus haute branche d'un arbre voisin, ses roulades les plus harmonieuses.

« Là, dit St Paulin de Nola, où Dieu fait briller
« cette lumière, *un Saint*, là où se trouve ce trésor,
« une tombe glorieuse, les peuples accourent, sûrs
« d'y trouver le secours divin et des fleuves de
« grâce et de vie ; même dispersés au loin, leurs
« reliques, le plus petit fragment de leurs ossements
« sacrés, ont la même vertu. »

Pénétré de ces idées, je me trouvais, un matin, en prières sur la tombe du saint Prélat quand, par une touchante et singulière coïncidence, j'entendis soudain les chants et les accords d'un rossignol, au-dessus de ma tête. Mon esprit naturellement porté à la mélancolie ne pût s'empêcher de se reporter instinctivement au temps passé, à *vingt-deux ans en arrière*, aux jours du mémorable ensevelissement du pieux Pontife — ces vers si émouvants d'un de nos meilleurs poètes de ce siècle me revinrent en même temps à la mémoire — je me plaisais alors à les méditer sur ce tombeau, et je me plais encore aujourd'hui à les rappeler ici :

D'un rossignol l'hymne touchant
S'élève en ce funèbre champ :
Aimable oiseau, pourquoi ce chant
Quand, moi, je pleure ?

Cette harmonie (je ne me fis point illusion) n'était pas pour moi : elle était toute à la gloire et à la louange de Monseigneur *Claret y Clara* qui reposait là sous cette froide pierre,

J'allai, à plusieurs reprises, prier avec confiance sur ce modeste mausolée, espérant y trouver au moins quelque chose de cette paix ineffable dont jouit éternellement, sans doute, le vénérable archevêque, dans le sein du Dieu des miséricordes... Mon attente ne fût pas trompée !...

Il est, chacun le sait, des dispositions de l'âme et des heures dans la vie où l'on n'est bien qu'auprès des tombeaux sacrés, où le silence de la mort et les tristesses du champ du repos mêlés aux souvenirs pieux, parlent le *seul langage* qu'il convient à l'âme d'entendre, et donnent les seuls conseils salutaires qu'elle désire trouver. Pour ma part, je l'éprouvai sur cette tombe vénérée : une paix et une consolation infinies, jusqu'alors inconnues, semblaient peu à peu descendre dans mon cœur endolori et envahir tout mon être ; jamais, ma pauvre âme tant affligée, si *rudement éprouvée*, ne s'était sentie aussi forte sous le pesant fardeau que Dieu, dans sa *Justice* toujours adorable, lui a imposé ici-bas ; jamais l'idée d'un murmure ou d'un ressentiment ne fût plus éloignée de ma pensée... Oh ! non, de ma vie, je n'oublierai les indicibles consolations que j'ai recueillies, agenouillé sur cette dalle funéraire, ni les enseignements sacrés pour moi, qui sont sortis de ce cercueil béni et sont montés, pour les consoler, jusques à mon esprit et à mon cœur !... Je suis revenu, *plusieurs fois*, prier dans ce lieu saint et désert, et jamais — j'aime à le proclamer haute-ment — je n'ai été si pleinement consolé — jamais aussi je n'ai tant joui de la solitude, ce linceul volontaire de l'homme, où il s'enveloppe tout entier, pour mourir voluptueusement à la terre !...

Ah ! ne dirait-on pas qu'un lien sympathique et doux, une harmonie attrayante et secrète semble exister entre ces lieux mélancoliques et l'âme *profondément attristée* par les vicissitudes de la vie humaine ? Oui, le cœur meurtri, brisé par l'adversité, semble trouver ses délices dans ces champs de la mort :

Il est un lieu que j'aime, où quand l'âme est blessée,
Je viens, loin du tumulte, abriter ma pensée ;
Lieu sombre, cependant, des vivants abhorré,
Mais qu'une tombe sainte a pour moi consacré.......
Au petit cimetière !.............................
 ....
La mort, c'est le repos ; la tombe, c'est l'asile ;
Seigneur, rendez pour moi son approche facile !....

Enfin, pour terminer ce chapitre déjà long, par une boutade pleine d'humour et de bons sens, de verve et de vérité, voici ce que dit finement *Alphonse Karr* sur les cimetières — « Nous sommes heureux « ici, au milieu de nos morts, disait *le fossoyeur* « avec la meilleure foi du monde ; dans le cimetière, « voyez-vous, nous sommes tranquilles ; le *monde,* « qui est une affreuse cohue de *comédiens* bariolés « de toutes les couleurs et faux comme des jetons, « finit ici. Au cimetière, *rien de faux :* la mort égale « pour tous ; même poussière, mêmes os pour tout le « monde..... et *les plus farauds*, les plus huppés « dans la vie ne sont pas ceux qui tremblent *le moins* « autour des tombeaux....... »

VIII

Excursions sur les hauteurs — Croix monumentale Fontfroide, lieu de retraite.

Il fallait cependant, par quelques récréations innocentes et hygiéniques en même temps, charmer les loisirs que nous faisait la solitude : à cet effet, nous nous permettions quelques excursions bien agréables dans la Montagne, aux environs du Couvent, en compagnie de notre *Soldat-Trappiste* et de Monsieur l'abbé G....., vicaire de Pennautier, qui se trouvait à l'Abbaye en même temps que nous.

Un soir, par une journée splendide et sous les rayons bienfaisants d'un soleil pur et radieux, au moment où

Le grand astre des cieux, libre et resplendissant,
Guidait au haut des airs son char éblouissant.

Nous arrivons sur un point culminant d'où l'on pouvait aisément apercevoir le Port de *La Nouvelle* et la pleine mer..... D'un côté, l'immensité des eaux ; d'un autre côté l'immensité des terres ; sur notre tête, l'immensité des Cieux, quel spectacle

plus digne de faire rentrer l'homme dans son néant
ou plutôt d'élever son âme vers l'auteur de tant de
merveilles que l'on aperçoit comme semées à profusion autour de soi, en haut, en bas, *partout*.....
La vue du firmament avec son azur et ses nuages ;
la vue de la mer avec son mouvement et ses vagues ;
la vue de la terre avec ses montagnes, ses fleuves,
ses plaines et ses vallées sont de grands aspects qui
plaisent aux âmes méditatives. Ajoutez à cela cette
paix profonde des hauts lieux qui se compose du
murmure des vents, des rayons du soleil et de la
beauté du paysage, n'est-ce pas que c'est un
ensemble pur et charmant ?..... Il y a de *l'Infini*
dans tous ces objets, et l'infini mène à Dieu !.....
On se sent comme plus près du Ciel, dans ces lieux
élevés et l'on comprend aisément avec combien de
raison le Prophète-Royal a pu s'écrier qu'on admire
plus facilement sur les hauteurs la Majesté divine —
Mirabilis in altis Dominus !

Un autre jour, nous dirigeâmes nos pas vers la
Croix monumentale, construite toute en fer, mesurant
onze mètres de haut, dont *neuf* en dehors du socle,
et qui domine, *phare céleste*, toute la vallée de
Fontfroide. En contemplant d'en bas la haute
montagne qui lui sert de base, on serait tenté de
s'écrier, transporté d'un saint enthousiasme : *Quel
piédestal pour un Dieu !...*»

De points bien éloignés on aperçoit cette Croix

magnifique, exposée à tous les vents, mais inébranlable sur sa base granitique, malgré toute la fureur
des ouragens et des tempêtes. Sa vue seule semble
nous dire : « Encore et toùjours la Croix du Christ
« contre laquelle les révolutions humaines, quelle
« que soit leur violence, ne peuvent et ne pourront
« jamais rien — *Stat crux dum volvitur orbis.* »

A certains jours l'impiété a cru triompher ;
cependant, venez, persécuteurs de tous les siècles,
apportez votre hâche, brisez l'arbre sacré !...
Aujourd'hui, frappez *plus fort* que les premiers
persécuteurs, car l'arbre est plus vivace, plus
enraciné... Vous passerez, vous et vos révolutions :
la Croix sera toujours debout au milieu de l'Eglise,
comme le *mât* au milieu d'un navire... Elle
reviendra toujours pour vous confondre et proclamer
le règne sans fin de l'Eternel vainqueur.

La grande route a respecté le silence de ces lieux ;
elle passe au loin : pour arriver jusqu'à la Croix,
il faut suivre les *petits chemins.* Je ne m'en plains
pas ; j'aime les petits chemins, les sentiers étroits —
ils ont toujours eu mes préférences ; ils me rappellent
le petit chemin difficile, étroit, le rude sentier de la
vie qui *mène au Ciel....* Beau sujet de méditation
pour un pauvre pélerin !.,.. Et puis, ils n'ont pas de
poussière, reflètent peu de soleil ; sur leurs bords
ou cueille des fleurs sauvages, on fait des bouquets

odoriférants de giroflées, de thym ou de lavande pour les déposer au pied du monument.

De ces hauteurs nous dominions à pic le Monastère et tous ses alentours — avec quelle saisissante émotion nous entendions réciter par l'un de nous le magnifique sonnet « *à la Croix* » si bien approprié aux circonstances dans lesquelles nous nous trouvions alors ; quoiqu'un peu long, il est si beau que je me fais un devoir bien doux de le reproduire ici, en tout son entier.

SONNET A LA CROIX

Salut, ô Sainte Croix, mon unique Espérance !
Etendard glorieux que porta le Sauveur,
Et qu'au jour fortuné de notre délivrance,
Mourant, il arrosa de son sang rédempteur !....

Ta seule vue, ô Croix, ranime la confiance :
Que de fois, à tes pieds, quand faiblissait mon cœur,
Que de fois, dans tes bras, en *mes jours de souffrance*,
Triste, j'ai retrouvé quelqu'élan de bonheur !....

Ils tombent !... Toi, toujours, tu domines le monde,
Comme un phare qui veille à l'horizon, sur l'onde,
Et qui ne s'éteindra qu'avec le dernier jour !....

Les méchants contre toi tournent en vain leur rage ;
Ils n'arracheront point de nos cœurs ton image,
Ils n'arracheront point de nos cœurs ton amour !......

Ce chef-d'œuvre poétique, d'un auteur jusqu'ici inconnu, fut écouté avec une religieuse attention : nous nous trouvions là, à l'ombre de la Croix, sur le Calvaire, à côté *de Notre-Seigneur*, et si loin du monde, que sa figure avait presque disparu ; ses vains bruits n'arrivaient plus jusqu'à nous — c'est à peine si nous nous souvenions *qu'il existât un monde !......*

Ah ! l'imagination, remontant le cours des siècles, aime à se représenter les premiers disciples de Saint Bernard, et, d'après la tradition, *Saint Bernard lui-même*, à la recherche d'un site solitaire où ils puissent prier et vivre en paix du travail de leurs mains ; ils arrivent sur le plateau où se trouve aujourd'hui *la grande Croix* — ils jettent, du haut de ce roc escarpé, leurs regards étonnés sur ce vallon étroit et resserré qui s'étend à leurs pieds ; ils se montrent complaisamment les uns aux autres ce petit coin de terre entouré de collines que couronnent partout de verdoyantes forêts.

.... *Campum quem collibus undiquè curvis Cingebant Sylvæ.........................*

et ils se disent entr'eux : « Descendons, maîtrisons le « torrent ; dans de solides murailles resserrons ses « eaux vagabondes, recouvrons-le d'une voûte « épaisse et dressons quelques tentes dans cette « vallée — Ce sera ici le lieu de *notre repos* !...»

Les sites ne sont pas uue quantité négligeable dans la fondation des Monastères — en contemplant l'aspect de Fontfroide et de ses environs, on a coutume de dire : « Il faut avouer que les moines ont bien choisi leur lieu ! »... *Et cela est vrai...*

Quel site, en effet, pour des pénitents morts aux plaisirs et aux intérêts du monde ; pour des contemplatifs avides de la seule vision du Ciel ; pour des moines voués au défrichement du désert et aux paisibles occupations agricoles, pour des hospitaliers, enfin, dans des temps où les routes n'offraient qu'une demie sécurité !.... »

Telle dut être, dès l'origine, l'idée première qui présida à la fondation de cette fameuse abbaye de Fontfroide qui devint, par la suite, l'une des plus célèbres et des plus florissantes du pays : telles dûrent être, principalement, les considérations qui décidèrent ses premiers habitants à se fixer dans cet endroit écarté, au milieu des horreurs de la plus profonde solitude : *in loco horroris et veslæ solitudinis.*

Et de nos jours encore, que viennent donc chercher, dans ces murs âgés de plus de sept siècles, tous ces prêtres zélés, tous ces laïques pieux qui se rendent *en foule* dans cette retraite pour passer quelques jours dans une quiétude parfaite et réconforter leur âme au contact des vertus sublimes des Saints religieux qui peuplent ce désert — que v:ennent-ils

chercher, si non le calme et la *tranquillité ?*....
L'esprit fatigué trouve là un bienfaisant repos; l'âme
blessée, des consolations suprêmes ; le corps lui-
même un climat et un régime réparateurs de ses
forces affaiblies.

De tous les points du Midi de la France, et du Nord
aussi, on vient à Fontfroide — parfois, on s'y
rencontre en nombre suffisant pour former une
Société vraiment choisie, une réunion de frères et
amis parmi lesquels il est doux et bon d'habiter —
*quàm bonum et quàm jucundum habitare fratres in
unum !... —*

Quelques excursions dans la Montagne, une
nourriture frugale, mais *saine* et abondante, suffisent
amplement à vous faire passer agréablement les
heures que l'on n'emploie point à la prière ou aux
divers exercices de piété. Tout se réunit ici pour
rendre joyeuses et saintes les quelques journées
que l'on veut consacrer à cette pieuse et salutaire
retraite. Je ne dis rien de l'amabilité, de l'affabilité,
de la douce condescendance des excellents religieux
avec qui l'on peut se trouver en rapport, mais
chacun sait à quoi s'en tenir sur ce point... leur
hospitalité comme leurs vertus est *proverbiale* dans
la contrée. Je me contenterai seulement d'apporter
ici, personnellement, mon humble témoignage,
c'est que les Pères de Fontfroide avec lesquels j'ai

été en contact, savent ajouter, aux vertus religieuses
proprement dites, une aménité, une politesse, une
urbanité parfaites que l'on serait heureux de
rencontrer *partout ailleurs* au même degré.

A ceux qui sont passés dans ce monastère sans en
interroger l'histoire, à ceux-là ni les pierres ni les
arbres ne disent rien : à ceux qui se sont agenouillés
par l'imagination et la certitude historique dans
l'enceinte de ces vieux murs, à ceux qui ont respiré
ces parfums d'antiquité montant comme l'encens des
temps au trône de l'Eternel, à ceux-là les pierres
elles-mêmes font entendre des accents sympa-
thiques — « Arrêtez-vous, interrogez-nous, disent-
« elles, et puis *revenez* — c'est ici qu'il y a des
« sources de sensibilité jusques dans les êtres les plus
« inanimés, des larmes dans les choses, comme dit
le Poète — « *Sunt lacrymæ rerum* » et c'est pourquoi
les êtres sensibles à l'émotion y reviennent : le
pèlerinage est fondé... il faut qu'il soit fécond...

Un plaisant, dont l'histoire a négligé d'enregistrer
le nom, a écrit quelque part ces deux vers pleins de
sens et d'à-propos :

Gaité, doux exercice et modeste repas,
Voilà *trois médecins* qui ne se trompent pas !..

Le nom de l'auteur... je l'ignore... mais, n'importe ! Le nom ne fait rien à la chose — Ce qu'il

s'agit de ne pas perdre de vue, c'est que ces trois médecins *infaillibles* se rencontrent toujours, à *poste fixe*, au service des heureux pélerins de Fontfroide....

IX

Coup d'œil rétrospectif et personnel.

Oh ! que l'aspect de ce paysage et de ces bâtiments est aujourd'hui différent de ce qu'il était, il y a environ quarante ans à peine !.... Comme tout est changé ici !....

.... *Quantum mutatus ab illo !....*

Pourrai-je, à mon tour, m'écrier avec raison ?

Vraiment, c'est à ne pas s'y reconnaître, et les yeux éblouis semblent chercher de tous cotés un passé peut-être à jamais disparu.

Je me souviens, en effet, d'avoir visité autrefois ce Monastère, ou plutôt ce que l'on appelait alors, à juste titre : *Les ruines de Fontfroide* — C'était en 1853, environ cinq ans avant l'arrivée des Pères Bernardins dans ce désert. (1)

---

(1) En consacrant ces quelques lignes à écrire l'histoire du passé, l'auteur de ce livre a obéi à ce besoin du cœur, à cet attrait irrésistible qui pousse aujourd'hui les âmes attristées à s'isoler, aux heures de méditation,

Nous étions trois — A... V... et moi — jeunes et robustes, alertes et dispos comme on l'est à *vingt ans*, intrépides et aventureux touristes, nous résolûmes de partir de Sigean, à la première heure, afin d'aller *contempler* sur les lieux mêmes, ce qui restait encore de cette antique Abbaye, jadis l'une des plus importantes du Languedoc, et que notre imagination naissante de Séminaristes en vacances nous représentait, d'après les récits épars que nous avions pu recueillir, comme une merveille des plus curieuses à voir et comme un site des plus intéressants à visiter.

La modeste monture biblique, l'animal aux longues oreilles, droites et pointues, l'*Ane*... puisqu'il faut l'appeler par son nom, suffit pour nous transporter :

---

dans les splendeurs des temps anciens, pour rompre définitivement avec toutes les rêveries et les mensonges du siècle, et se rattacher par l'étude et la prière aux vérités fécondes qui firent le bonheur et la gloire de nos aïeux. C'est un désir violent de s'ouvrir une éclaircie dans l'atmosphère obscure où nos esprits s'alanguissent et où se débat notre société sceptique, ignorante et haineuse, qui a dicté ces pages : c'est aussi, il faut le dire, cet amour pour d'importantes ruines qu'il contemplait jadis avec l'admiration inconsciente de l'enfant, et sur lesquelles, plus tard, homme fait, mûri par l'expérience de la vie, par l'étude des choses d'ici-bas, et par l'*adversité*, il plie le genou, baisse la tête et se livre aux méditations austères et fortifiantes des grandes vertus d'autrefois.

Nous nous gardâmes de nous montrer exigeants ; et, faute de mieux, nous n'en demandâmes pas davantage. Montés chacun sur un de ces quadrupèdes au pied sûr et relativement léger, nous partons joyeux et contents, pleins d'entrain, d'humour et de bonne volonté.

Le voyage s'accomplit sans incidents remarquables, sauf quelques velléités *d'entêtement* aussitôt reprimées que conçues, de la part d'animaux habitués à ne prendre, d'ordinaire, conseil que d'eux-mêmes et à ne se conduire que d'après leur instinct et à leur propre guise.

Quatre heures de chevauchée à travers la montagne, par des chemins ou plutôt des sentiers souvent impraticables, nous suffirent pour atteindre le but de notre excursion : vers les huit heures du matin, nous mettions pied à terre dans l'enceinte abandonnée de l'ancien Couvent de Fontfroide. Il ne nous était pas loisible, comme aux Chanoines de Boileau, d'immoler *trente mets* à notre faim indomptable et d'un autre côté notre appétit fougueux n'avait nul besoin d'être excité par une friandise quelconque : l'air frais du matin avait produit en nous son effet ordinaire, et tous les *apéritifs* du monde nous paraissaient alors entièrements superflus : aussi, pourquoi ne le dirai-je pas ? Ce fût avec un vrai bonheur que nous nous mîmes en train de déguster un *frugal* mais *délicieux* déjeûner champêtre, que nous avions eu soin, par une mesure de précaution nullement exagérée, d'apporter avec nous. Après avoir donné ample et entière satisfaction à nos estomacs *affamés*, en attendant l'heure du départ, qui ne devait avoir lieu que le soir, nous commençâmes d'explorer, à notre aise et en détail, tous ces bâtiments écroulés et démolis, tombés, à la fin du siècle dernier, sous les coups de nos *Vaudales modernes* qui, pour n'avoir pas été vomis par les contrées barbares, n'en furent ni moins sauvages, ni moins cruels, ni moins destructeurs que leurs féroces devanciers.

Quel triste spectacle !..... Quel coup d'œil navrant !..... Que de ruines entassées !..... Comment cet effondrement s'était-il produit, et quel démolisseur invisible avait pu accumuler tant de décombres ?..... *Quâ jacent percussa ruinâ ?....* On eût pu croire que, dans sa colère, le Seigneur avait étendu un *réseau de désolation* sur ce Monastère autrefois si peuplé, si riche, si beau ; qu'un vent destructeur avait soufflé violemment contre ces murs qui paraissent indestructibles et que la Justice divine s'était acharnée à leur renversement pour les livrer à un anéantissement presque complet.

Fontfroide, à cette époque, n'avait pour elle que son renom d'antiquité, ce parfum émané de l'Eternité de Dieu même, parfum que la nouveauté la plus printanière ne dépasse pas ; ces rides et ces blessures vénérables que les siècles et aussi les *révolutions* ont posées avec des mutilations et des massacres au fronsticipe des vieux monuments ; ces broussailles où le lézard se promène parmi les débris d'où toute inscription a disparu ; ces amas de pierres sans nombre ensevelies sous les végétations amies des ruines, tout cela à sa grandeur et sa beauté ; « Il semble, dit quelque part Châteaubriand, qu'on respire la *poussière vénérable* des temps passés ».

Les portes massives de l'édifice à moitié ensevelies sous des monceaux de pierre, de plâtre et de terre mêlés, ne présentaient plus d'obstacle aux envahisseurs : ses *Abbés* et ses Moines, tous les nombreux habitants qui peuplaient jadis ses vastes enceintes avaient disparu, éparpillés et dispersés sous le souffle empesté de l'Orage révolutionnaire, emportés dans les directions les plus diverses et les plus opposées. Les planchers en partie défoncés et les murailles intérieures à moitié démolies recouvraient le sol : les remparts qui défendaient *autrefois* cet asile, démantelés et abattus *maintenant*, gisaient à terre, semblables à des *Géants* qu'une force invisible et surnaturelle aurait vaincus et terrassés.

L'intérieur de l'Eglise ou plutôt de ce qui *avait servi d'Eglise* dans les siècles précédents, offrait un aspect lamentable et lugubre ; partout des blocs de pierre, des monceaux de décombres, des poutres et des embarras de toute sorte encombraient le sol et nous obstruaient le passage dans les endroits bien rares, hélas ! où l'on ne rencontrait pas la trace des animaux domestiques qui se trouvaient parqués dans ces lieux jadis redoutables et considérés *vraiment* comme la Porte du Ciel.

Le cloître aux colonnettes mutilées, aujourd'hui si délicatement restaurées et si finement complétées, se trouvait désert.... Non, je me trompe, il n'était pas entièrement inhabité, car nous aperçumes, *au centre*, piochant et cultivant la terre comme pour tenir sans cesse rattaché le passé à l'avenir et ne pas laisser interrompre, *un seul moment*, les pieuses coutumes monastiques, le propriétaire de ces démolitions — Monsieur *de St-Aubin* — il était seul dans ces lieux déserts et abandonnés.........

> .... Seul, comme *Marius*
> Sur les *ruines* de *Carthage !*........

Jamais je n'ai eu l'honneur de revoir M. de St-Aubin et jamais je n'ai plus entendu parler de lui, depuis que je l'ai *entrevu* charmant ses loisirs par un travail innocent, dans le Cloître mutilé de Fontfroide : je puis donc dire en toute assurance que je ne le connais pas, mais, à mon humble avis, il devait y avoir en lui l'étoffe d'un Saint, ou tout au moins d'un grand philosophe, pour se résigner à séjourner seul dans ces solitudes profondes. Seul, en effet, un Saint ou un philosophe *vraiment digne* de ce nom pouvait se résoudre à demeurer constamment dans cette *Thébaïde moderne*, à converser seul avec Dieu parmi ces belles horreurs de la nature sauvage, mais pourtant si imposantes et où, comme l'a dit fort élégamment M. Victor de Laprade :

> On découvre ce Dieu qui remplit *les déserts*,
> Dieu que tout être nomme !
> Là, chênes et roseaux, sables ou gazons verts,
> *Tout* le révèle à l'homme
> La nature, ô mon Dieu, pleine de votre esprit
> Porte aussi sur son front un Evangile écrit !....

Nous nous assîmes dans ces lieux désolés, nous nous reposâmes sur ces débris — tristes et mornes, nous nous prîmes à réfléchir, j'allais presque dire à *pleurer*, s'il n'était pas convenu et généralement accepté que les imaginations de vingt ans sont *absolument* réfractaires aux larmes.

A l'exemple du prophète des lamentations gémissant sur les malheurs et les châtiments de la Cité de David, nous aurions pu nous écrier à notre tour, au milieu des *restes* de Fontfroide : « Comment cette « abbaye si opulente naguère, se trouve-t-elle en ce « jour seule, déserte, abandonnée ? Toute sa beauté « a disparu ; ceux qui l'habitaient, comme de timides « agneaux poursuivis par une bête féroce, se sont « enfuis devant l'ennemi cruel qui les pour- « suivait !.....»

Dans les endroits qui n'avaient pas été totalement saccagés, des reptiles immondes rampaient avec peine sur un sol humide et gluant ou le long des murs recouvert d'une couche épaisse de salpêtre grisâtre, pâle et triste épave des temps reculés : aux plafonds respectés par le marteau fatigué de démolisseurs sacrilèges et aux voûtes indestructibles que les coups répétés des sectaires n'avaient pu ébranler, des *générations* d'araignées tendaient des pièges et des *générations* de mouches, depuis l'époque néfaste où les *Grrrands*, les Immortels principes de *93* ont été proclamés et imposés dans notre malheureux pays !......

En face d'un spectacle aussi lamentable, l'Espérance, ce dictame divin qui ne meurt jamais entièrement dans les profondeurs les plus intimes du cœur de l'homme, parvenait encore à se faire jour, à luire et à cousoler. Les souvenirs tout fraîchement déposés dans mon esprit par les classes *d'Humanités* et de *Rhétorique* auxquelles je venais d'échapper à peine, se réveillant tout-à-coup en moi, je m'écriai, comme saisi d'un transport prophétique : « Non, non,
« l'Abbaye de « Fontfroide n'est pas morte... elle
« dort !... Un jour viendra où ses ossements vivifiés
« par un souffle *puissant* et *régénérateur* se ranime-
« ront !... Aujourd'hui vaincue, elle remportera
« bientôt de nouvelles victoires ; l'exil lui rendra ses
« enfants, et de nouvelles générations de Moines

« feront refleurir dans ses murs reconstruits, les
« antiques vertus de ses premiers habitants.....
« Comme Jérusalem renversée, elle ressuscitera plus
« brillante et plus belle.... Comme Troie vaincue,
« elle se relèvera triomphante :

« *Vita tamen vinces, eversa que Troja, resurges !...*»

Les temps sont accomplis ; à *quarante ans de
distance*, j'ai visité de nouveau ce site si pittoresque,
et je me suis assis une seconde fois, mais pour
pleurer maintenant, dans ce Cloître restauré, que je
me souvenais d'avoir vu, enfant, si triste, si solitaire,
si abandonné. Quel contraste !... Comme *moi*, ces
lieux ont bien changé, mais pour eux, du moins,
comme par l'effet d'une baguette magique ou pour
mieux dire divine, le changement s'est opéré tout à
leur avantage et pour la plus grande gloire de
Dieu !... *Hélas !* que ne puis-je en dire autant pour
ce qui me concerne !... Que mon sort est différent,
et comme ma présence dans ces murs était bien faite
pour m'inspirer des réflexions tristes, sérieuses, mais
pourtant, *grâces en soient rendues au Ciel*, bien
utiles et bien salutaires !... Comme mon esprit
accablé par la tristesse et foudroyé par l'épreuve
aimait à s'égarer et à se perdre dans le dédale
ténébreux d'un passé à jamais irréparablement
perdu !... Combien se pressaient nombreuses dans
mon pauvre cerveau les impressions saintes et

morales que me suggérait ma présence dans cette pieuse maison !..... Ah ! que moi aussi j'étais changé !... A l'ombre de ce cloître antique, sous les rayons d'une pâle lune d'automne, je me rappellai, avec amertume, le souvenir des jours anciens : *Memor fui dierum antiquorum*

Alors des sensations depuis longtemps disparues se réveillèrent en mon âme avec une intensité, une précision, une netteté d'une puissance irrésistible : je ne voyais plus..... avec les yeux du souvenir, *je ressentais....* Un remords me venait de tout ; en quelques minutes je *revécus* ma vie entière.... Comme un voyageur suivant une route jadis parcourue, je revenais au point de départ, empressé de franchir les dernières étapes, pour m'arrêter avec joie et respect aux premiers sites aimés..... Ces sites, c'était mon enfance, *ma jeunesse*, à moi, sortant tout-à-coup de l'oubli et se dressant, fantôme paisible et doux, enveloppé de sa robe d'innocence.....

> Ó temps ! jours radieux, aube trop tôt ravie !
> Pourquoi Dieu met-il donc le *meilleur de la vie*
> Tout au commencement ?...»

Ciel... quel changement entre le passé et le présent !.... Et *l'avenir*, que sera-t il ?.... Seigneur, vous seul le savez, et je remets avec confiance mon sort entre vos mains — « *Deus meus es tu ; in manibus tuis sortes meœ* !....» Ah ! mes larmes coulaient ou du moins auraient dû couler abondantes en repassant dans ma mémoire les *quarante* dernières années de mon existence si péniblement agitée : tous les divers évènements de ma vie semblaient comparaître successivement à la barre de mes souvenirs et entretenaient dans mon esprit une agitation fébrile qui allait grandissant toujours..... Enfin vaincu, terrassé sous le poids trop lourd d'une invisible et cruelle étreinte, je me sentis écrasé, obligé de m'incliner et de m'écrier avec résignation.

> O Justice divine,
> Je tombe à tes genoux :
> Devant toi je m'incline,
> *Fais-moi bénir* tes coups !....»

Et m'inspirant en même temps des sentiments et des paroles même de Jeanne d'Arc dans son infortune : « Puisqu'il a plû ainsi à Dieu, m'écriai-je à mon « tour, c'est que c'était *le meilleur* pour moi !...,»
....
Je me relevai si non content, du moins *consolé*.... Mais c'est assez et même trop parler de ma modeste et peu connue personnalité..... Continuons, maintenant, le cours de nos observations et de nos réflexions.......

X

L'Etat monastique vengé dans sa liberté.

Quelque sceptique impudent contemplant de près ou de loin ce Monastère qui, semblable au phénix paraît renaître de ses cendres, me dira peut-être, le sourire du dédain sur les lèvres :

« Mais à quoi bon ces hommes qui, dans leur
« *mysanthropie*, se retirent complètement du monde,
« vivent d'une façon différente que le commun des
« mortels, se livrent à des privations et à des
mortifications exagérées, s'habillent autrement
« que leurs semblables ; ces *Moines*, en un mot,
« qui vont chercher dans la solitude le repos et la
« tranquillité que, le plus souvent, ils ont vainement
« recherché dans la société ?...... N'est-ce point là,
« en vérité, *ces pieux fainéants* que les sages du
« siècle tournent, avec raison, en ridicule, quand ils
« ne les poursuivent pas de leur mépris ou de leur
« haine plus ou moins justifiés ?......».

Ah ! taisez-vous — *tace... obmutesce* — taisez-vous, vous tous qui tenez un pareil langage, vous tous qui traitez si légèrement un sujet qui vous est absolument étranger..... Je comprendrais plutôt l'aveugle discutant sur la lumière ou sur les couleurs d'un tableau, qu'il ne peut distinguer...... Je veux bien admettre que vous êtes de bonne foi et que vos intentions, selon l'expression d'un avocat illustre, dans un procès récent, hélas ! trop célèbre, sont *honnêtement* criminelles, mais je déclare hautement et sans ambages, que vous êtes de parfaits ignorants et que vous parlez avec une *sotte* assurance, de choses et de personnes que vous ne connaissez nullement.

Je ne vous dirai pas — ce qui suffirait, sans doute, pour vous fermer la bouche et vous réduire *de suite* au plus profond silence — que chacun est libre, *incontestablement,* de vivre à sa guise, et que le pauvre Moine qui, par choix et bien volontairement, embrasse l'Etat Monastique parce que c'est son bon plaisir, a autant de droit à votre respect et à votre estime — pourvu qu'il ne se rende pas coupable, selon l'expression consacrée par le Code, d'un acte contraire *aux lois* ou aux *bonnes mœurs* — que le Militaire, l'Industriel, le Commerçant, le Propriétaire ou *l'insipide flâneur* qui passent leur vie sur les champs de bataille ou de manœuvre, au sein d'une usine, au fond d'une boutique, dans une ferme ou le long des boulevards, sur l'asphalte que le *Petit-crevé* encombre de son embarrassante et inutile personnalité.

Je ne vous observerai pas que chacun, *sans aucun doute*, est bien libre de s'habiller comme il lui plaît — toute décence et toute honnêteté sauvegardées — et que s'il convient à l'un de revêtir un *complet* de mille francs, frappé au coin de la dernière mode — de l'*Ustrà fashion* — comme on dit au delà du détroit, un autre peut bien, à sa volonté, se revêtir d'un gris vêtement de bure ou d'un froc de laine grossière — que si celui-ci veut se coiffer d'un moelleux chapeau de soie ou d'un panama flexible, celui-là peut bien, sans faire le moindre tort à personne, couvrir son chef d'un modeste capuchon gris, blanc ou noir, peu importe la couleur, ou d'un feutré à larges bords, voire même d'un simple bonnet de coton, à l'instar du légendaire *roi d'Yvetot*, si cela lui plaît; que s'il vous convient, à vous, de ceindre vos reins d'une ceinture dorée, sans vous préoccuper, le plus souvent, si la *bonne renommée* ne serait pas préférable, j'ai bien le droit, moi, d'entourer mon buste d'une vieille corde ou d'une large courroie de cuir, serait-elle sale ou usée ; que si les bottes molles, plaquées ou vernies font vos délices, je puis bien, *moi*, sans que personne y puisse trouver à redire, me contenter de pauvres et modestes sandales de chanvre pour garantir, contre les intempéries de l'air, des pieds *qui m'appartiennent* !.....

Je ne vous dirai pas que s'il vous sied d'être du

nombre toujours croissant et malheureusement trop considérable, au temps où nous vivons, de ces jeunes ou vieux Sybarites Sardanapalesques, pour qui la table n'est qu'un *succulent ratelier* ou un délicieux *abreuvoir*, de ces hommes qui semblent n'avoir d'autre souci dans ce monde que celui des animaux à l'engrais et qui, selon l'énergique expression de l'Apôtre, font vraiment un Dieu de leur ventre « *Quorum Deus venter est* » ; que s'il vous convient, à l'exemple du *gourmand* Vitellius

> Qui se mettait à table au lever de l'Aurore,
> Et que le jour suivant y retrouvait encore

de passer votre vie dans des orgies perpétuelles, je puis bien, *moi*, si cela me plaît, me contenter pour ma nourriture quotidienne d'un morceau de pain dur et noir, de quelques légumes vulgaires grossièrement cuits au *sel* et à *l'eau* : que si vous aimez les richesses et le luxe éblouissant des palais somptueux, je suis bien libre, *moi*, de me contenter, pour abriter ma tête, d'une pauvre cellule, de trouver ma jouissance et mon plaisir dans la pratique rigoureuse de l'humble et salutaire pauvreté, ma volupté suprême dans la soufffrance, à l'exemple du Divin Maître, qui vécut dénué de tout, à tel point qu'il n'avait pas de pierre ou reposer sa tête, et à l'imitation aussi de ces pieux et vénérables Anachorètes qui nous ont laissé des exemples sublimes et que vous critiquez follement avec une souveraine et flagrante *injustice*.

Encore une fois, laissez donc chacun, au nom de cette *liberté* que vous prônez tant et que vous respectez si peu, vivre à sa manière et prendre son plaisir où il le trouve — toujours dans les limites de la morale et de l'honneur. — Tacite a dit quelque part que le genre humain vit de peu — « *humanum paucis vivit genus* » — et M. de Maistre a écrit, plus récemment, que si chacun voulait s'examiner *sérieusement*, il trouverait qu'il mange *deux fois plus* qu'il ne faut — et bien, s'il convient à une catégorie de citoyens, à des gens probes et laborieux, mûs par les motifs les plus louables et les plus élevés, de mettre ces maximes en pratique, de se complaire dans le dénûment et l'abandon, de vivre sobrement (1) de ne rechercher, à l'exemple des premiers chrétiens qu'ils prennent pour modèle, que le *strict nécessaire* dans le vêtement et la nourriture, si grossiers soient-ils — « habentes *alimenta* et *quibus*

---

(1) La vie sobre des moines, a toujours, d'ailleurs, été regardée comme le régime d'hygiène le plus parfait, même au point de vue naturel. Les premiers fondateurs d'ordre savaient *très bien* ce qu'ils faisaient en prescrivant l'abstinence et la parcimonie dans le boire et dans le manger : avec cette règle si favorable à la santé et à la longévité humaines, il n'est pas rare de voir des religieux,

tegamur, his contenti sumus », s'il leur sied de se montrer satisfaits quand même... laissez-les tranquilles... ne vous occupez pas plus d'eux qu'ils ne s'occupent de vous, à qui, je puis vous l'affirmer, ils ne pensent guère, si ce n'est pour vous *aimer* et vous bénir, pour faire du bien à vos corps ou à vos âmes, pour vous rendre en *bienfaits* tout ce que vous déversez sur eux de fiel, de haine et de colère : ils sont heureux dans leur pauvreté toute volontaire, bien plus heureux et plus *libres* que vous ne pouvez l'être vous-même, sans aucun doute, au sein de vos ennivrements et de vos folles délices « *Illis divitiæ pauperiem pati* » oui, pour eux, sachez-le bien, leur pauvreté, c'est leur richesse !...

Surtout, ne les plaignez pas, il n'y a pas de quoi !.. . D'après l'admirable doctrine de St François de Sales, ce Saint « *le plus agréable de tous les Saints* » au

---

après plus d'un demi-siècle passé dans leur monastère, arriver à l'âge de quatre-vingts ou quatre-vingt-dix ans : assez souvent même on y rencontre des centenaires,

C'est l'intempérance qui est malsaine et mortelle : le pieux auteur de l'Imitation a dit que la gourmandise tue plus d'hommes que l'épée — *plures occidit gula quàm gladius* — et Sénèque a écrit, quelque part, cette phrase bien remarquable : *Innumerabiles esse morbos miraris, coquos numera :* Vous vous étonnez de voir tant de maladies dans le monde, comptez le nombre de cuisiniers.

dire de J. Jacques *Rousseau* lui-même, d'ordinaire nous ne sommes pauvres que *comparativement* et non *positivement*. Si nous ne voulons que ce qui est nécessaire, nous ne serons *jamais* pauvres : si nous voulons tout ce que la passion demande, nous ne serons *jamais* riches. Le secret pour s'enricher en peu de temps et à peu de frais, n'est pas d'entasser des biens, mais de *modérer nos désirs*. Il faut imiter les sculpteurs qui font leurs ouvrages par soustraction et non les peintres qui font les leurs par addition.

Au dire du même Saint, la vraie béatitude de cette vie temporelle consiste à se contenter de ce qui *suffit*, et celui qui ne se contente pas de cela ne se contentera jamais de rien, car *rien* ne suffira jamais à celui à qui le *suffisant* ne suffit pas.

Il ajoutait encore qu'il aimait beaucoup cette parole de l'Apôtre : « Je sais vivre dans l'abondance et souffrir de la disette » et il assurait que la pratique du *second point* était beaucoup plus aisée que celle du premier.

St Bernard, de son côté, écrivait en son temps : « Je pourrais dire que l'on n'est point pauvre quand « on ne veut pas le *superflu* et qu'on peut avoir le « *nécessaire*, qui se réduit *naturellement* à peu de « chose. »

Le plus riche sera donc celui qui aura le *moins de désirs*, car on aura autant qu'on voudra, quand on voudra le *moins possible* ; aussi convient-il d'estimer les richesses d'un homme, non d'après ses propriétés et ses revenus, mais d'après son *esprit* et ses *goûts*. Si c'est l'avarice qui fait naître ses besoins, si sa cupidité est insatiable, fût-il riche comme plusieurs mers, des montagnes d'or ne pourront l'assouvir : il mendiera *toujours* pour ajouter à ce qu'il possède.

Le véritable caractère de la pauvreté c'est le *besoin* : or, tout désir d'acquérir vient de l'idée d'un besoin, quelles que soient, d'ailleurs, l'importance et l'intensité de ce besoin.

On est pauvre quand on désire quelque chose puisqu'un *désir* est un *besoin :* on est riche quand on n'éprouve pas de besoin, puisqu'alors on est satisfait : en un mot, le désir est la marque de l'indigence et par suite de la servitude ; la satiété est la marque de la richesse et de la *liberté !...*

Diogène, dans son tonneau, était plus riche et plus indépendant que le Grand Alexandre et forçait le Roi de Macédoine, à l'apogée de sa puissance, de s'écrier, en le voyant : « *Si je n'étais pas Alexandre,* « *je voudrais être Diogène !... »*

Oh ! simplicité des champs, calme, repos, silence de la solitude, que vous parlez bien mieux à mon âme qu'un spectacle éblouissant, qu'un théâtre, qu'un bal à bruyant orchestre, que des lambris dorés ou des festins somptueux et que je préfère cette joie pure qui sort de nous-mêmes et se répand sur la nature à cette autre joie de commande, qui éclate *au dehors* et ne peut souvent pas pénétrer jusqu'à nous !...

L'histoire nous apprend que *Caractacus-le-Breton*, roi des Silures, orna le triomphe de Claude, son vainqueur. Quand on lui fit parcourir les rues de Rome, à la vue de cette ville splendide : « Comment « est-il possible, s'écria-t-il, « qu'un peuple qui « possède autant de richesses, ait envié *l'humble* « *Cabane* de Caractacus ? »

L'intrépide et malheureux défenseur de la Grande-Bretagne se trouvait *heureux* dans sa modeste Cabane ; le peuple Romain ne se tenait pas encore pour satisfait avec *toutes* les richesses de l'Univers entier.

Faudra-t-il, à l'exemple de l'infortuné Roi des Silures, s'étonner des appetits insatiables de nos sectaires et croire que du fonds de leurs palais splendides et de leurs *sinécures* si largement rétribuées, nos persécuteurs modernes ont pu, un instant, envier *l'humble cellule* du pauvre Trappiste ?.... Peut-être oui... et pourquoi pas ?... Eh bien, alors, qu'il la prennent et qu'ils s'y renferment résolument pour y faire une bonne et salutaire pénitence : le premier, j'applaudirai des deux mains à cette conversion éclatante qui n'aura eu d'égale, dans les fastes de l'humanité, que celle du *Diable* quand il se fit

Ermite..... Ainsi cesseront, du coup, toutes les injustes et coupables tracasseries.....

Enfin — et pour en finir sur ce chapitre — je ne vous rappelerai pas que le poète païen qui, le premier, il y a dix-neuf siècles, a jeté ce grand cri de liberté, qui retentit toujours dans le monde :

.....*Trahit sua quemque voluptas !*...

était bien plus libéral, à mon avis, que nos gouvernants *libérâtres* qui veulent empêcher des citoyens *libres*, de vivre *librement* entr'eux, en un genre de vie de leur choix, de leur goût, qu'ils ont embrassé *volontairement* et avec une pleine et entière connaissance de cause.... Tout cela me paraît vraiment superflu et il faudrait être un bien triste sire et un grossier personnage pour persécuter *lâchement* des gens inoffensifs dont le seul crime est de penser *autrement* et *mieux* que vous-même.

XI

L'état Monastique Vengé dans son Utilité

Après avoir démontré, comme je crois l'avoir fait, que les Religieux de tout ordre et de tout sexe ne devraient point être pourchassés au nom de la *liberté*, je vous dirai, maintenant, m'adressant avec confiance à votre raison et à votre bonne foi :

Au point de vue matériel et social — Considérez les immenses travaux de tout genre accomplis par les Moines du moyen-âge et aussi par ceux de nos jours : Contemplez et admirez les *incommensurables* étendues de terrains vagues et jusques-là inutiles, livrées à la culture par les soins intelligents des vaillants enfants de St-Benoît ou de St-Bernard, sans parler d'une foule d'autres ordres Monastiques. Comptez, si vous le pouvez, ces nombreux couvents qui se fondent de toutes parts, dans les endroits les plus sauvages, les plus reculés, dans des lieux réputés jusques là inaccessibles à tout être humain « *quà nulla sit via trita pede* » et où cependant d'innombrables et fervents cœnobites vont consacrer toutes les forces de leurs corps jeunes, robustes et vigoureux encore, à se procurer de quoi vivre sans être à charge *à personne*, par le travail de leurs mains et les rustiques occupations de l'Agriculture — ils vont déchirer la terre au moyen de la charrue, ils vont ouvrir péniblement les flancs de cette mère nourricière du genre humain — « *ergo œgrè rastris terram rimantur* » et les travaux exécutés par leurs bras nerveux suffiront amplement à tous leurs besoins — *Terra culta colónis victum suppeditat suis.*

Voyez-vous cet abbé vêtu d'une simple robe de laine retroussée vers le bas, relevée jusqu'aux genoux par de simples courroies, tenant une *Croix de bois* d'une main et de l'autre un bénitier rustique, précédant les travailleurs ?... Arrivé au milieu des broussailles, il y plante le signe de la rédemption, comme pour prendre possession de cette terre Vierge, au nom de Jésus-Christ. Il fait tout alentour une aspersion d'eau bénite, puis s'armant de la cognée, il se met le *premier* résolument à l'œuvre..... tous les autres à sa suite — moines coupeurs (*incisores*) — extirpateurs de racines (*extirpatores*) brûleurs (*incensores*) etc... etc...

Aucun obstacle, aucun danger n'arrêtent le Moine — plus la noire profondeur des forêts est effrayante, plus l'amour de la solitude l'y attire. S'il faut se glisser, en déchirant ses vêtements, à travers des sentiers tellement tortueux et étroits, tellement hérissés d'épines, que l'on peut à peine y poser un pied après l'autre sur la même ligne, il s'y hazarde *sans hésiter* : s'il faut ramper sous les branches entrelacées, pour découvrir quelque étroite et sombre caverne, obstruée par les pierres et les ronces, il est prêt — « C'est en approchant à genoux « d'un tel repaire, dont les bêtes fauves elles-mêmes « redoutent l'entrée, dit M. de Montalembert, que le « Moine choisit souvent son domicile : là où la « Caverne naturelle lui manque, il se construit une « hutte de branchages et de roseaux ou transforme « en *Cellule* les ruines d'un édifice abandonné. »

Dans ces solitudes improductives ou plutôt ne pouvant produire que des *Saints*, il fallait se résigner à lutter longtemps contre la faim et l'intempérie des saisons avant de les fertiliser par le travail. *Rien* ne saurait, aujourd'hui, nous donner une idée de la rigueur de 'vie à laquelle le Moine devait se condamner, dans les premiers temps de son séjour au désert.

Telle fut l'origine de la plupart des Abbayes qui devinrent si florissantes et si utiles dans la suite et dont M. A, Thierry a pu écrire en toute vérité :

« Une *Abbaye* n'était pas seulement un lieu de « prière et de méditations — Ses dépendances « formaient encore ce que nous appelons maintenant « *une ferme modèle.* Il y avait là des exemples

« d'industrie et d'activité pour le laboureur, l'ouvrier,
« le propriétaire. »

Mignot, Cibrario, de Tocqueville parlent comme
A. Thierry : tous s'accordent à dire, avec Chateaubriand, que les Moines sont apparus, soit comme
laboureurs, soit comme les premiers maîtres de nos
laboureurs, les *pères* de notre agriculture.

« Nous avons, dit un auteur récent, lu les plus
« belles pages de Varron et de Columelle sur la
« manière de cultiver les terres chez les Romains —
« Mathieu de Dambasle, Oliver de Serres, Noreau de
« Ionnès, Gasparin, en France ; Iohn Sinclain, en
« Angleterre ; Ronconnien, en Italie ; Cotta, Burg-
« doff, en Suisse, en Allemagne ; Rusthoffer, en
« Belgique, nous ont donné une idée de la Science
« Agricole dans les temps modernes ; et bien, après
« avoir admiré les ouvrages de ces savants auteurs,
« nous avons étudié les travaux des premiers Cister-
« ciens, nous avons visité ceux qu'exécutent, de nos
« jours, leurs successeurs les *Trappistes* et les
« *Bernardins* et nous avons été forcés de reconnaître
« que là où les Moines ont planté leur bêche, là sont
« encore les *Colonnes d'Hercule* de l'Agriculture. »

Allez où vous voudrez, parcourez toute l'Europe :
allez du détroit de Gibraltar au golfe de Bothnie, des
extrémités de l'Ecosse aux Bouches du Danube et
indiquez-nous, détracteurs des institutions monastiques, indiquez-nous la contrée où la charrue des

Moines n'a précédé la charrue des laïques ?.....

« Assurément, dit encore M. de Moutalembert, « nous attendrons *longtemps* la réponse. »

Apprenez donc, ignorants et *ingrats*, apprenez que sans les Moines vous n'auriez ni propriété, ni liberté, ni Patrie, ni même un morceau de pain ; c'est à eux que vous devez tout. « Nos pères, dit quelque part M. de Châteaubriand, étaient des barbares à qui l'Eglise fut obligée d'enseigner jusqu'à *l'Art de se nourrir.*

Il est bon de remarquer, à ce propos, combien l'origine des ordres religieux a été irréprochable et pure. La vie austère, le désintéressement profond de ceux qui s'y dévouèrent, montrent qu'ils étaient très éloignés de *solliciter* des donations et des largesses. Leurs travaux immenses pour défricher des terres incultes, une administration sage et active ont été la principale, ou pour mieux dire la seule source de leurs richesses.

Si donc les Moines furent riches, après plusieurs siècles d'un travail incessant, fût-il jamais richesse plus *légitime* dans son origine, plus honorable et plus sacrée par son *emploi* ?... Et, leur reprocher de tels biens, n'est-ce pas les accuser à la fois du *Crime de plusieurs bienfaits !*...

Concluons enfin, pour nous résumer sur un point si important, que ce sont les premiers solitaires qui ont arraché les bois, labouré les espaces incultes, propagé la vigne, rendu productifs et fertiles les rochers eux-mêmes, en sorte que si l'on a pu dire, en *toute vérité*, que les Evêques ont fait la France sous le rapport intellectuel et moral, en défrichant son âme dès le commencement, il est autant si non plus exact d'affirmer que les Moines l'ont, en quelque sorte, *créée*, au point de vue matériel et agricole, en défrichant son terrain, en livrant à la production ses déserts et ses rocs entièrement incultes et totalement improductifs auparavant.

Mais sans aller fouiller dans les Arcanes du *moyen-âge* et sans remonter si haut, contemplez, de nos jours, visibles et appréciables à tous les yeux, même les moins clairvoyants ou les plus prévenus, les magnifiques établissements Agricoles si justement renommés et qu'on peut, avec raison, citer comme des modèles du genre, fondés et dirigés par les diverses branches religieuses sorties du vieux tronc *Cistercien*. Sans parler de tous les couvents appartenant à ces ordres célèbres, si nombreux et si florissants répandus dans les deux hémisphères, transportez-vous au Monastère si justement renommé de la *Grande-Trappe*, près Montargne, où non contents de se livrer actuellement à la culture des champs, les Religieux entretiennent un Orphelinat des plus prospères qui n'a, je n'ai nul besoin de le dire, rien de commun avec *Cempuis* et où les principes de l'ignoble porcher *Robin* et autres *frères Trois-points* de son espéce, n'ont absolument rien à voir, absolument rien à démêler.

Allez visiter la Trappe de *Staouëli* fondée en 1843, au sein même de notre bélle Colonie Africaine, sur le champ de bataille de ce nom et où, l'un de nos Saints compatriotes, le Révérendissime Père *Dom François-Régis*, de pieuse mémoire, l'un des plus grands Moines Cisterciens de notre époque, qui fût tenu en si grande estime par quelques-uns de nos Maréchaux les plus célébres, *Bugeaud*, *Randon*, *Mac-Mahon*, appartenant à l'une des plus nobles et des plus anciennes familles du *Narbonnais*, a opéré des merveilles agricoles avec ses frères les Trappistes, plus que décimés cependant (*Trente-deux* ont succombé en peu d'années) par les maladies pestilentielles et les fièvres pernicieuses de ce pays malsain.

Passant par-dessus la tombe de ses *trente-deux* religiéux exterminés par l'insalubrité du climat, il était parvenu à faire fleurir ce désert, par la grâce de Dieu et le travail des hommes.

L'Arabe farouche, le Musulman fanatique s'inclinent avec respect et admiration devant ces *laboureurs étonnants :* en France, dans leur propre patrie, au nom de la civilisation et de la fraternité *Maçonniques*, on les honnit, on les méprise, quand on ne les chasse pas ignominieusement comme les pires des malfaiteurs... S'ils avaient, au moins, l'excuse du danger, ces persécuteurs niais, s'ils pouvaient invoquer la *nécessité* de se défendre !... Mais non, les pauvres Moines qu'ils poursuivent sont à peu près aussi dangereux que les *enfants* qui jouent à la balle ou au cerceau dans les jardins des Tuileries. Qui ça peut-il inquiéter qu'on se *réunisse* pour prier et faire le bien ?... Ah ! n'avais-je pas raison de le dire plus haut, que la singulière loi des *contrastes* nous réserve parfois de bien curieuses surprises et de bien inconcevables étonnements !...

Venez visiter Fontfroide où à la tête de ses frères, travailleurs aussi intrépides qu'intelligents, le Révérendissime Père *Dom Marie Jean*, le plus intrépide et le plus intelligent de tous, a travaillé, trente-cinq ans durant, à disputer aux roches et aux landes les quelques arpents de terre labourable que peuvent renfermer les environs du Monastère, et où aujourd'hui, sous la savante et habile direction du Révérend Père *Léonce*, renommé dans la contrée pour ses vastes connaissances agronomiques, les travaux agricoles ont pris un si grand développement (1) : allez parcourir ces lieux jadis agrestes,

---

(1) Le Révérend Père Léonce, maintenant *Abbé de Sénanques*, a été pendant plusieurs années l'un des membres les plus distingués de la Société d'Agriculture de l'Aude.

actuellement cultivés avec tant de soin, tant d'art et tant d'intelligence qu'on peut, sans crainte de se tromper, les considérer comme un véritable *modèle* en leur genre, et dites-nous, et venez nous soutenir après cela, si vous l'osez, que ce sont là ces *Moines fainéants*, dont toutes les légendes impies, maçonniques, anti-cléricales ou Juives se plaisent à peupler *fantastiquement* les Couvents ?.... Insensés, que la haine ou la passion aveuglent, qui ne voyez les choses qu'à travers le prisme trompeur de vos rancunes, de vos antipathies ou de vos impuissantes fureurs, cessez donc d'insulter et de poursuivre de vos abominables calomnies des gens qui ne vous font aucun mal, qui ne vous causent aucun préjudice et qui, au contraire, ne vous ont jamais fait et ne vous feront jamais *que du bien.*

L'anecdote suivante qui, pour être peu connue n'en est pas moins véridique ni moins touchante, nous fera voir bien *clairement* en quelle grande et singulière estime les Républicains, même les plus farouches, se sentent obligés de tenir, dans nos colonies, ces bons et utiles religieux qu'ils persécutent avec tant de rage dans la *Mère-Patrie.*

Nous lisons dans « *l'Avenir du Tonkin* » arrivé le 1ᵉʳ Mars 1893, ce souvenir qu'il est intéressant de rappeler :

« *Paul Bert* avait eu l'idée d'accorder des conces-
« sions à des *Trappistes*, dans les contrées à défri-

« cher. Il s'en était ouvert à Mgr Puginier, qui avait
« donné un avis favorable, et il est probable que si
« la mort n'avait pas arrêté notre premier Résident-
« Général, ce projet aurait eu beaucoup de chance
« pour être mis à exécution. »

Pour ce libre-penseur bien connu, les Religieux
étaient donc un article *d'exportation* — toujours en
contradiction avec ses principes, il les trouvait *bons*
au dehors quoique funestes au dedans.

Gambetta, qui faisait à Paris si bon accueil aux
missionnaires, n'avait pas craint de formuler cette
doctrine en ces termes « *L'anticléricalisme n'est pas
une marchandise d'exportation !*...

Nous venons de voir que son disciple Paul Bert,
l'auteur du « *Manuel civique* », celui qu'on enterra
jadis avec des rites semi-boudhistes, a pratiqué
cette formule au Tonkin. Avant son embarquement,
il avait, du reste, fait à cet égard les déclarations les
plus formelles à divers ecclésiastiques.

Aujourd'hui, le nouveau Résident-Général à Madagascar, *quoique devenu protestant*, se trouvant en
face de ce royaume, vaste comme la France, éprouve
à son tour le sentiment de son impuissance à se
passer des Moines.

Voici l'étonnante et consolante lettre qu'il écrit
au R^{ssme} Père Abbé de la Trappe de *Staouëli*, et,
comme lui ne peut être soupçonné de Cléricalisme,
il ose la livrer au public.

« Monsieur l'Abbé,

« Ancien Préfet d'Alger, j'ai gardé le vif souvenir
« des vertus des Religieux *de la Trappe*. J'ai vu, de
« mes yeux, les exemples qu'ils donnent, leur travail,
« le magnifique domaine qu'ils ont créé, les sympa-
« thies que par leur hospitalité, par léurs *bienfaits*,
« ils savent s'attirer de la part de tous les gens qui
« ont été en contact avec eux.

« Chargé de la grande mission de fonder à Mada-
« gascar la colonisation française, je souhaite des
« alliés *d'élite* comme *les Trappistes*, pour conduire
« à bonne fin cette entreprise.

« Seriez-vous disposé à envoyer quelques-uns de
« vos Pères dans nôtre île lointaine ?

« Je suis prêt, quant *à moi*, à leur attribuer telle
« concession de terre qu'ils voudront, à leur cher-
« cher ce qu'il y a de mieux et à le leur offrir : à leur
« garantir ensuite, cela va sans dire et comme de
« soi, une sécurité absolue, comme à les autoriser
« à compter sur la plus affectueuse et *particulière*
« protection du Résident-Général.

« Nous leur assurerions, tout d'abord, la gratuité
« du transport depuis l'Europe jusqu'à leur établis-
« sement projeté à Madagascar.

« Les *Trappistes* rendraient à la nouvelle colonie,
« à la civilisation, un *service signalé* et coopéreraient
« au *premier rang*, à la conquête morale et pacifique

« d'un pays dont nous ne sommes encore que les
« conquérants militaires.

« J'espère recevoir une réponse *favorable*, et dans
« cette attente je vous prie d'agréer, Monsieur
« l'Abbé, l'expression de ma haute considération.

Hippolyte LAROCHE.

Cette lettre, reproduite avec des sentiments bien
divers par *tous les journaux* (24-25 Janvier 1896) à
quelqu'opinion qu'ils appartiennent, en dit, à mon
avis, beaucoup plus que ne pourraient le faire les
meilleurs et les plus longs commentaires.

Vous le voyez, toujours la même comédie sinistre.
Qui donc porte la civilisation Européenne et le renom
Français chez les peuples barbares ? Qui donc
prépare dans nos colonies improvisées le ralliement
à la Mère-Patrie ?... *Qui ?...* si ce n'est ces bons
religieux que le Gouvernement Républicain persécute en *France* lâchement, misérablement et qu'il
est bien heureux d'avoir sous la main quand il s'agit
de braver la maladie ou la mort au fond de l'Asie,
de l'Afrique ou de l'Océanie !...

Avouez que c'est ignoble de la part de la
République, de tracasser, d'insulter, d'expulser ici,
en France, ces êtres dévoués, admirables, hommes
ou femmes, à qui on est obligé de recourir *humblement*, pour cette double fin glorieuse, de précéder le
drapeau de la France et de servir là-bas de sœurs,

de mères, de pères, de frères, de *famille* enfin à nos enfants en péril.

Avouez encore qu'une chose meurt de ces infamies là, c'est le respect pour la *Justice*, pierre angulaire des nations. Quand le peuple voit les proscripteurs obligés de s'incliner devant les *proscrits* et de leur dire : « *Vous êtes la gloire et l'honneur du pays* », il se demande ce que représentent ceux qui expulsent en face de ceux qui sont expulsés.

Il ne faut pas que les Juges soient contraints à respecter ceux qu'ils condamnent, car alors la foule rend aux Juges, en *mépris*, l'équivalent de ce que les Juges accordent en *respect* aux accusés.....

Et voilà cependant ceux que l'on traque de toutes parts et sous les plus futiles prétextes, ceux que l'on persécute avec fureur, ceux que l'on veut chasser de chez eux, car un des plus scandaleux spectacles qui nous soit réservé pour demain, si les projets abominables de nos mauvais maîtres viennent à réussir, ce serait ce lâche attentat (l'expulsion) contre des moines innocents et de pures religieuses. En vérité, la raison demeure confondue devant tant de criminelle démence.

Est-il, en effet, un droit plus sacré que le leur ? Ils ne sont associés que pour pratiquer les plus hautes vertus. A qui nuisent-ils donc, dans cette société moderne si sottement fière d'elle-même, ces ordres enseignants, hospitaliers, contemplatifs, travailleurs et mendiants : ils ne font que du bien ; ils élèvent les enfants dans la loi d'espérance et d'amour, ils pansent toutes les plaies de l'humanité avec des mains doucement fraternelles, ils mendient pour ceux qui n'ont pas de pain et qu'ils nourrissent en si grand nombre, ils prient Dieu pour tant d'impies et d'indifférents qui le blasphèment ou l'oublient.

Qu'est-ce qui vous choque le plus dans ces saintes gens, ô esprits forts, mes contemporains ? Leurs vœux éternels ?..... Et, mon Dieu, oui — vous trouvez-là, je pense, un contraste insultant et une cruelle censure de votre vie dissolue. Ils sont pauvres, quand vous vous ruez aux pieds du veau d'or ; ils sont chastes, quand vous vous exténuez de débauches ; ils sont humbles et obéissants, quand vous êtes fous d'orgueil et toujours prêts à la révolte.

Oui, voilà bien la cause et la vraie cause de votre colère et de votre haine contre ces serviteurs et ces servantes de Dieu. Leur exemple vous est insupportable et, ne pouvant les imiter, vous demandez qu'on les chasse, qu'on les disperse, qu'on les supprime, espérant perdre ainsi jusqu'au souvenir de leurs vertus qui vous mettent la rougeur au front.

Soit : vous les chasserez. Quand ils verront arriver vos agents de police, avec leur trousse de cambrioleurs pour forcer la serrure de leurs couvents, ils ne feront aucune résistance ; les hommes ceindront leurs reins et mettront leur manteau ; les femmes baisseront leur voile. Ils partiront, les mains vides et nues, n'emportant que le crucifix et le rosaire qui battent les plis de leur robe : ils partiront... et vous serez surpris de leur muette résignation et de leur calme impassible quand ils feront les premiers pas vers l'exil... En serez-vous plus heureux, parceque vous êtes les plus forts ?... Non, ils seront plus heureux que vous parcequ'ils s'estimeront heureux de souffrir la persécution pour l'amour de Jésus-Christ... Ils savent — ce que vous ne savez pas — que Dieu est partout et que l'Eglise est Eternelle...

Et au point de vue Social, de quelle utilité ne seraient pas l'établissement, l'existence des couvents et la mise en pratique des Constitutions Monastiques, si des esprits moins aveuglés que ceux de nos législateurs voulaient y *réfléchir* un peu ?

Voici sur ce point l'avis de la Conférence d'histoire de l'Université de Cambridge — elle fut appelée à délibrer en 1878 sur la question de savoir si « La suppression des Monastères en Angleterre avait été un *mal* ou un *bien* pour le pays ? » — La conférence prit un arrêté conçu en ces termes — « La suppres-« sion des Monastères par Henri VIII a été un cruel « malheur pour l'Angleterre et les circonstances « actuelles exigent *impérieusement* le rétablissement « d'institutions analogues parmi nous. »

Que de bien résulterait de la mise en pratique de ces sages résolutions !...

Vous connaissez ces magnifiques projets d'organisation du travail, d'immenses associations d'ouvriers sous le même toit, à la même table, qu'élaborent depuis longtemps quelques *fortes têtes* socialistes, et qui doivent assurer à tout jamais le bien-être de la majorité des citoyens Français..... Mais, n'y a-t-il pas déjà des siècles que ces désirs, ces projets sont admirablement et *paisiblement* réalisés dans l'Eglise ?.... Au sein de nos Monastères et de nos communautés religieuses ne trouvez vous pas des âmes travaillant toutes ensemble, partageant intégralement le fruit de leur travail, vivant du même pain ?... N'est-ce point là le véritable *Communisme Chrétien*, comme son nom l'indique si clairement.

Cœnobium diecunt quod sint communia cunctis.

N'est-ce point là aussi que se trouve la véritable solidarité, là que chacun se sent soutenu par son frère ?....

C'est la communauté qui fait la force humaine!.... a dit Musset... et Musset a raison.

Là, personne n'est riche ; personne n'est pauvre — on ne voit que des *frères* — tel est d'ailleurs le nom si doux qu'ils se donnent entr'eux.

Obéissant à un chef librement choisi sous l'œil de Dieu, à un supérieur qui est véritablement de ses sujets volontaires — *Et le Père et le frère* — chacun apporte son énergie, son intelligence, sa santé, sa vie, ne retirant de ses efforts et de son dévouement que sa subsistance et la reconnaissance de ses frères moins bien dotés que lui par la nature, et qu'il entretient, qu'il nourrit... Et la vie de tous est *égale;* l'existence est la même... Quand un évènement heureux vient réjouir la communauté, tous ses membres en prennent leur part; si elle est frappée par le malheur, tous le ressentent également.

Abondance et disette, peines et joies, confortable et détresse, tout *est partagé* par tous, sans exception... *sublime fraternité !*.... Discipline admirable !... Gouvernement inimitable !... pour ceux, du moins, que le flambeau de la foi n'illumine point, pour ceux qui ne comptent pas au rang des hommes de bonne volonté.......

Il ne s'agit point ici de parler de longs discours, d'écrire de fastidieux articles dans les journaux de la secte et de mettre toute sa conduite en *opposition* avec la doctrine prêchée. Le *vrai socialiste* est celui qui parle peu, qui écrit moins et qui agit beaucoup : mais c'est se moquer du pauvre peuple que de se dire *socialiste* et partisan d'une répartition plus équitable des biens de ce monde, alors qu'on jouit *tranquillement* des bienfaits d'une fortune souvent considérable, tout au moins relative, surtout si l'on compare cette fortune à la *pauvreté* de la foule...... Et avant que l'Etat ait tout égalisé, en passant son lourd rouleau sur la Société actuelle, nous aimerions lire de temps en temps, *dans les journaux* de l'Anti-

Cléricalisme, ce que tel ou tel coryphée du parti socialiste, sénateur, député, publiciste, médecin, apothicaire, avocat ou vétérinaire fait ou *a fait* pour les *miséreux.*

Ah ! le parti révolutionnaire, celui qui se réclame du *socialisme*, nous ne le connaissons que trop — un maître en l'art d'écrire et de penser nous en a tracé le portrait fidèle — « Lugubre essaim de « frelons bourdonnant et dévorant, nous dit l'illustre « auteur de la vie de Garcia Moreno, le parti de « *la révolution* n'a d'autre spécialité que de consom- « mer sans produire. S'il s'empare du pays par un « coup de force ou par la *sottise* des électeurs, ce « n'est point pour aider le peuple à mieux vivre, mais « pour vivre à ses dépens : sa tactique consiste à « mettre la main sur l'Eglise afin de l'empêcher dé « crier — au voleur ! — et à expulser des administra- « tions les hommes honnêtes et consciencieux dont il « convoite les places ou craint les regards — puis, « quand toutes les abeilles ouvrières et industrieuses « d'un pays sont tombées sous l'aiguillon de ces « parasites, la *curée* commence. Les frélons se « faufilent dans les Ministères, les Préfectures, les « Mairies, les Casernes, les Tribunaux, les Comptoirs, « les Banques, les Agences Financières ; partout où « l'on trouve à *s'engraisser.* Là, ils dévorent le plus « possible avant qu'un autre essaim de frères et « amis les force à vider la place. Après quinze ou

« vingt ans de ce régime, un peuple, si riche qu'il
« soit, est rongé *jusqu'aux os.* Il se réveille, un bon
« matin, sans religion, sans honneur, sans crédit,
« sans agriculture, sans industrie, sans commerce,
« sans finances, avec des chefs qui n'ont de *grand*
« que leurs *poches,* et de redoutable que leurs *dents,*
« mais avec des milliards de dettes et la banqueroute
« à ses portes. Pour consoler ce nouveau *Job,* les
« frêlons gros et gras *bourdonnent* à son oreille
« quelque refrain monotone en l'honneur du progrès
« et de la liberté. »

Les anarchistes, les socialistes, les Sans-Dieu et
autres criminels du même acabit, agissent avec la
multitude comme le *Torréador* avec le taureau — ils
l'excitent, ils l'irritent, l'agacent et le mettent en
fureur à l'aide d'un *chiffon rouge*, pour mieux lui
enfoncer l'épée dans le cœur..... Ah ! les mots et
les drapeaux conduisent les hommes plus que les
raisons et la raison !.....

Nous autres, Catholiques, nous avons été gâtés
par ceux qui ont prêché, avant nous, notre socialisme,
qui n'est autre que la *Charité*, reculée jusqu'aux
plus extrêmes limites.

Au hasard du souvenir et dans l'histoire du
Christianisme se trouvent Antoine l'Égyptien donnant son bien aux pauvres et s'enfonçant dans le
désert ; Pierre de Luxembourg, cousin du Roi de
France et du roi de Hongrie, donnant les deux

tiers de ses biens aux malheureux et se réservant de leur distribuer le reste ; François Régis, traversant la place publique, portant sur ses épaules une paillasse pour un malade ; *Vincent-de-Paul*, l'apôtre de la Charité, faisant évader un forçât à Marseille, et prenant sa place, les fers aux pieds ; Germain, gouverneur de province et d'une illustre famille d'Auxerre, distribuant ses biens aux misérables ; Roch, de Montpellier et Cassien d'Alexandrie en faisant autant... et il y en a des milliers, dans nos annales, qui considèrent les richesses comme un *embarras* et qui ne se sont cru à l'abri des reproches de leur conscience que lorsqu'ils s'en furent dépouillés — Nous trouvons Saint Louis ensevelissant les morts sur le champ de bataille, lavant les pieds aux indigents, portant lui-même le premier malade à l'Hôtel-Dieu de Compiègne, baisant la main d'un lépreux et faisant transporter le blé de *ses greniers*, le bois de *ses forêts* à celles de ses provinces que la disette ou l'hiver désolaient, tandis qu'il répandait par lui-même, sur les pauvres qui l'environnaient, les plus abondantes aumônes — Pierre Claver, collant ses lèvres sur les ulcères d'un malheureux nègre, pour se punir de l'horreur qu'il avait tout d'abord ressentie ; Jean de Kent ôtant sa soutane pour en couvrir un pauvre étendu sur la neige ; *Martin de Tours*, donnant la moitié de son manteau à un homme presque nu, aux portes d'Amiens ;

Charles Borromée, Belzunce, à Milan et à Marseille, prodiguant leurs soins aux pestiférés et les ensevelissant de leurs propres mains ; et ce grand Séraphin d'Assise, *François*, contractant un pacte solennel avec la *Pauvreté*, qui devint sa dame préférée. Les premiers qui le virent passer demi-nu, déchaussé, sur les places de la ville dont il avait été l'*Ornement* et l'*Orgueil*, le réputaient pour un insensé et lui jetaient de la boue et des pierres..... et cependant, en se faisant pauvre, il honorait la Pauvreté, c'est-à-dire la plus méprisée et la plus générale des conditions humaines ; il montrait qu'on y peut trouver la paix, la dignité, le bonheur ; il calmait ainsi les *ressentiments* des classes indigentes, il les réconciliait avec les riches et les heureux du jour, en sorte qu'il n'y eut pas de politique *plus profonde* que celle de cet *insensé.....*

Du reste, les mondains, les incrédules, les rationnalistes, les protestants se laissent volontiers fasciner *aujourd'hui* par la suave figure du « *Poverello* » d'Assise. Emporté lui-même par ce mouvement qui semble providentiel à l'heure où le Saint-Siége attend le salut du monde de l'Esprit Fransciscain, *l'Institut de France* offre un prix de 20.000 francs (prix Lefèvré-Deunier) à un ouvrage imprimé ou manuscrit, qui doit être postérieur à l'année 1883 et dont le sujet sera « *Saint François d'Assises et les Franciscains.* » Les ouvrages et mémoires doivent être déposés au plus tard le 31 Décembre 1902 : les ouvrages étrangers traduits en Français seront admis à concourir... Voilà qui est *concluant !*...

Et nous rencontrons ces exemples d'abnégation et de dévouement dans tous les temps et dans tous les pays — en présence de pareils résultats, nous nous demandons si ces Chrétiens héroïques ont attendu, comme nos socialistes du jour, pour « pratiquer les principes d'une société qui *n'existe pas encore* » la disparition et le remplacement d'une autre société qui en est la négation.

Non, ils ont commencé tout de suite par donner l'exemple du dévouement fraternel au peuple. Ils ont payé de leur personne, de leurs biens, de leur *vie* comme font nos Missionnaires, nos Sœurs de Charité, qui savent mourir pour leur foi, alors que beaucoup trop de ceux qui se disent socialistes *vivent* de leurs principes, exploitent leurs croyances et renvoient à une époque indéterminée l'application par eux-mêmes de toutes les belles théories dont ils se servent pour allumer la *convoitise* des misérables, car, quoi qu'ils disent :

..........Ce sont des gens qui veulent

Leur bien premièrement et puis celui des autres...

Il convient d'ajouter et de faire observer ici que le Socialisme Chrétien, le *seul vrai* qui puisse jamais être mis en action, est d'autant plus parfait qu'on se rapproche davantage des conseils Evangéliques : les premiers disciples du Christ, les plus fervents, y arrivèrent du *premier coup :* ils n'avaient qu'un cœur et qu'une âme et tout était commun entr'eux — *Erant illis omnia Communia —*

Aujourd'hui les vrais socialistes sont les Moines et les Religieux — ils le sont d'autant plus que leurs ordres sont plus parfaits, plus soumis aux conseils de l'Evangile ; que leurs vœux de pauvreté et de vie commune sont plus sincères et mieux gardés par l'obéissance ; que leurs constitutions sont plus *démocratiques* et se rapprochent davantage des mœurs et des coutumes du peuple et de l'ouvrier.

L'Eglise s'est toujours souvenue que son fondateur était un simple et obscur artisan — « Ce qui est
« *certain,* dit Bossuet, c'est que Jésus travaillait
« lui-même à la boutique de son père..... Oh !
« Dieu, continue-t-il, je suis saisi encore un coup...
« Orgueil, viens *crever* à ce spectacle — Jésus, fils
« d'un charpentier, charpentier lui-même, connu par
« cet exercice, sans qu'on parle d'aucun autre
« emploi, ni d'aucune autre action !... On se
« souvenait dans son église naissante des *charrues*
« qu'il avait faites ; et la tradition s'en est conservée
« dans les plus anciens auteurs. Que ceux qui vivent
« d'un art mécanique se consolent et se réjouissent ;
« Jésus-Christ est de *leur corps :* qu'ils apprennent
« à louer Dieu, à chanter des psaumes et de saints

« cantiques : Dieu bénira leur travail, et ils seront
« devant lui comme d'autres *Jésus-Christs*. »

Ainsi s'exprime l'Aigle de Meaux dans sa VIIIe
élévation (xxe semaine). Aussi, s'inspirant de ces
pensées et de ces sentiments, la Religion Catholique
a-t-elle honoré dans plusieurs de ses Papes, *des fils
d'ouvrier* — dans Grégoire VII, le fils d'un charpentier, comme *Jésus* ; dans Urbain IV, le fils d'un
cordonnier de Troyes ; dans Sixte-Quint, un berger ;
dans Benoît XII, le fils d'un boulanger de Saverdun ;
dans Clément XIV, le fils d'un humble médecin de
campagne et dans plusieurs autres souverains Pon-
tifes, de modestes enfants du peuple. Bossuet pût
être Evêque de Meaux, par son seul mérite, sans être
de race noble, et Fléchier devait dire plus tard :
« Comment serais-je parvenu si haut si je n'étais
« parti de si bas !..... »

Or, quand une fois ces mots : « *Au nom de Jésus-
Christ* » furent placés en tête de nouveaux codes, le
droit dût nécessairement être modifié par une religion
qui redisait avec St-Paul, cette maxime de l'Egalité
humaine : « Il n'y a plus ni Juifs, ni Grecs, plus
« d'esclaves ni de libres ; l'inégalité n'est plus, car
« Jésus-Christ est en tous et Jésus-Christ en tous est
« égal à lui-même » En Jésus-Christ nous sommes
tous frères, et le Chrétien couvert de bure, comme
le Chrétien couvert de pourpre, tous ont le même
vêtement et la même grandeur, car l'un et l'autre
sont revêtus de Jésus-Christ !.....

Egalité d'origine et égalité de destinées ; égalité devant la Justice divine qui récompense et devant la Justice divine qui punit ; égalité devant *Jésus-Christ*, juge des vivants et des morts qui rendra à chacun selon ses œuvres, aux pâtres comme aux Rois, telle était, telle est et telle sera toujours la doctrine de *l'Eglise*, qui plie sous un même niveau ce qu'il y a de plus haut et ce qu'il y a de plus bas sur la terre.

Et aujourd'hui encore, si vous voulez résoudre le redoutable problème *du présent*, laissez l'Eglise se placer comme intermédiaire entre le riche et le pauvre, entre l'ouvrier et le patron, avec la doctrine Evangélique, dont elle est l'incorruptible gardienne et la suprême dépositaire.

Enfant de Dieu comme son maître, frère de J. C. comme lui, nourri à la même table d'un aliment divin, l'ouvrier ne trouve que *des égaux* sous les voûtes du temple. Là, il peut chanter, le matin, avec le vieux « *Credo* » de ses pères l'hymne de sa liberté et le soir, à l'office des vêpres, il peut répéter au milieu d'un concert d'harmonie ces paroles attendrissantes du prophète Royal : « Louons le Seigneur, car il a regardé le pauvre dans sa poussière et il l'a placé parmi les princes de son peuple — *de stercore erigens pauperem !*...

Nous lisons dans l'histoire de Turenne, que peu de temps après sa conversion, assistant à la Messe et se dirigeant vers l'autel, pour la sainte communion, son *palefrenier*, qui allait aussi participer aux saints mystères, se rencontra au milieu de la foule, immédiatement devant lui.

S'étant aperçu de la présence de son Maître, le serviteur s'efface pour lui céder le pas, en s'exclamant humblement « *Monseigneur !...*

« Il n'y a pas de Monseigneur, ici, lui dit douce-
« ment Turenne; le seul *Seigneur* et *Maître*, c'est
« celui que nous allons recevoir tous les deux —
« garde ton rang, mon ami, et marche devant
« moi !... »

Un orgueilleux communard de nos jours en ferait-il autant ?..... Il est permis d'en douter.....

Toutes nos œuvres et fraternités ont un reflet de ce *socialisme* apporté à la terre par un Dieu fait homme : socialisme incomparable et réel où l'on s'aide, où l'on s'aime comme des *frères*, où la communauté rend tous les services possibles à chacun de ses membres, et si elle ne détruit pas entièrement la misère, c'est que la misère ne peut pas être détruite — et la misère *ne peut pas* être détruite parceque les causes qui la produisent ne peuvent être supprimées,

La première est l'inégalité des forces physiques, des santés, des talents, de l'intelligence, de l'activité entre les hommes. Voilà une cause de misère bien féconde et qu'il est impossible *même à la religion* de détrüire.

La seconde cause de la misère, non moins profonde que l'autre, ce sont les vices de notre pauvre nature corrompue par le péché — la paresse, la débauche, l'ivrognerie, l'amour du plaisir, la vengeance, l'orgueil..... etc..., etc... Parmi les pauvres, combien sont malheureux *par leur faute ?* Quatre-vingt-dix-neuf sur cent : ils accusent Dieu et ne devraient accuser *qu'eux-mêmes.*

Mais si la misère ne peut pas être supprimée elle peut du moins être *diminuée* et c'est ce que la Religion fait admirablement en la soulageant, en l'adoucissant, en la rendant supportable, enfin en la sanctifiant. Nul ne peut se plaindre d'elle, elle fait tout ce qu'il est humainement possible de faire : que les riches deviennent *bons Chrétiens* et dès-lors charitables ; que les pauvres deviennent *bons Chrétiens* et dès-lors patients et résignés — là est tout le mystère.

Les *Phalanstères*, au contraire, inspirés par la Philanthropie soi-disant *humanitaire*, ne sont que la triste et ridicule parodie de la Fraternité Chrétienne — ils ne sont que la « *Garde Nationale* », que « *l'Ombre chinoise* » de la *Charité* — la philanthropie, c'est la citerne pleine aujourd'hui, tarie demain — la Charité c'est la source divine où peuvent éternellement puiser ceux que tourmente la soif. La tyrannie ne viendra jamais que de ces insensés qui, dans leur fol orgueil, ne veulent « *Ni Dieu, ni Maître* » — Mais le socialisme du Christ apportera toujours avec la *Charité* la noble liberté des enfants de *Dieu.*

Souvenez-vous bien, d'ailleurs, que toutes les théories pompeuses tant prônées et si longuement développées devant les masses populaires ne changeront jamais rien à l'ordre établi par la divine Providence — toujours et nécessairement il y aura des riches et des pauvres ; des patrons et des ouvriers ; des savants et des ignorants, et *l'Egalité* tant vantée depuis un siècle demeurera une insaisissable *chimère* — le pauvre pourra bien changer de Maître, mais il ne changera pas de condition :

« *Pauper Dominum non sortem mutat* »

Les noms peuvent changer, mais les faits seront toujours les mêmes — l'histoire répètera toujours par ses leçons cette parole éternellement vraie de l'Evangile — « *Semper habetis pauperes vobiscum* » des pauvres, quoi que vous fassiez, vous en aurez toujours — Ecoutez ceci :

« *Il faut qu'au commencement de la belle saison, la France présente le spectacle d'un pays sans mendiants* »

Le lecteur voudra bien croire que cette phrase *optimiste* n'est pas de moi. Elle est sortie, le 15 novembre 1807, d'une plume plus autorisée que la mienne, de la plume de *Napoléon Ier* et son unique effet a été de démontrer au monde qu'en regard de certains problèmes sociaux, l'impuissance de César égale — ce qui n'est pas peu dire — l'impuissance d'un député obscur.

Donc, il y eut, malgré *l'Empereur*, des mendiants en France, au printemps de 1808. On en voit encore quelques-uns en 1899 et tout porte à croire que l'Exposition *elle-même* n'ait pas plus d'effet en 1900 pour l'extinction du paupérisme que pour l'embellissement de Paris.

Je ne vois pas, d'ailleurs, que la République pas plus que la Monarchie ait détruit l'inégalité des fortunes — comme toujours, les uns ont des palais et les autres n'ont pas seulement une mansarde ; comme toujours, il y en a qui meurent de faim ou que la misère mène au suicide tandis que d'autres regorgent de tout. Un poteau placé sur la voie publique et sur lequel on lit que *la mendicité est interdite* peut bien écarter les mendiants ; il n'écarte ni la pauvreté, ni la misère, ni la faim, ni la mort...... Toujours il y aura des pauvres pour empêcher l'homme de s'endurcir, toujours des pauvres pour qu'il y ait toujours des vertus.

La Justice n'est pas dans *l'Egalité;* elle est satisfaite par l'exactitude des rapports : le compte à rendre *proportionnellement* aux dons reçus donne entière satisfaction à notre confiance dans la *souveraine Justice.*

Il suffit d'avoir non pas beaucoup de théologie mais un peu de *sens-commun* pour comprendre cela. L'inégalité sur cette terre n'est donc pas *définitive,* elle n'est que la conséquence d'un ordre de choses *passager* ; celle qui existera plus tard sera la conséquence et le résultat de la correspondance aux grâces reçues. Ce n'est pas le sort de Notre-Seigneur ici-bas, ni celui de sa Mère et des disciples qui peuvent donner le droit d'accuser Dieu des inégalités sociales.

Ceux qui ont visité la grotte de Bethléem, ceux qui ont vu la bourgade de Nazareth et songé à la vie si pauvre de celui qui *a créé* le monde, à ce manque presqu'absolu pour lui des choses les plus nécessaires, peuvent-ils croire que la différence des situations, ici, soit le *dernier mot* des desseins de Dieu sur nous ?

Nous ne pouvons jeter les yeux sur un repas servi avec le luxe déployé de nos jours, sans nous remémorer le bloc informe de terre crayeuse, plein de grossières cavités, que l'on montre à Nazareth, comme ayant été *la table* de Jésus-Christ et de ses apôtres. Et cependant, la description que Saint Jean nous fait de la magnificence de la Jérusalem Céleste ne nous permet pas de douter qu'il y ait, *là-haut*, sous le rapport matériel même, plus qu'une compensation éternelle aux courtes misères de la vie.

Ne nous effrayons donc pas des inégalités — la Justice divine a, pour les compenser, son avenir sans bornes, et nous avons, pour nous les expliquer, l'assurance de Celui qui ne peut ni tromper ni se tromper, qu'il ne nous sera demandé *compte* que de ce que nous avons reçu.

C'est parce que ces vérités, pourtant si claires, ont été oubliées, que le sol tremble et qu'il n'y a plus de *lendemain* pour personne.

Il s'agit donc, non pas de détruire ce qui existe, puisqu'il est *impossible* d'y parvenir, mais uniquement de *régler* les conditions dans lesquelles chacun doit se tenir pour assurer l'ordre commun et sauvegarder l'intérêt de tous. La Religion seule a reçu mission pour traiter ces questions vitales, et, qu'on le veuille ou qu'on ne le veuille pas, il faudra *nécessairement* recourir à *l'Eglise*, si l'on ne veut pas arriver à des catastrophes lamentables et prochaines.

En un mot, *d'une part*, vous voulez et il faut la subordination et l'inégalité des conditions dans la société ; *d'autre part*, en dehors de Dieu, vous ne trouverez aucun motif pour persuader aux *deux tiers* des humains qu'ils doivent obéir et se priver de tout pendant que la *minorité* commandera et *jouira*. Sans les compensations éternelles qui *seules* peuvent produire la résignation, votre *harmonie* sociale ne saurait donc aboutir qu'au désordre et aux luttes périodiques entre les classes.

Revenons donc à celui de qui tout dépend et au lieu de fabriquer des constitutions radicalement impuissantes d'où le *nom même de Dieu* est systématiquement exclu, nos législateurs (est-il permis de leur donner un conseil ? et pourquoi pas ?) feraient mieux de prendre pour règle de leur conduite ces

paroles mémorables que Lamartine adressait au peuple devant la cathédrale de Macon — « Peuple,
« Dieu seul est grand, Dieu seul est souverain parce-
« qu'il est créateur, seul il est infaillible, seul il est
« Saint !... Elevons nos pensées pour qu'il inspire
« à nos représentants une *constitution* qui commence
« et finisse *par son nom !...* »

A ceux qui souffrent, nos jouisseurs, nos libre-pansards, nos Francs-maçons ont, eux, un langage spécial et singulièrement réconfortant à tenir — écoutons les :

« Vous êtes sans famille, sans ressources, en proie
« à la maladie, leur disent-ils, eh bien... *continuez !...*
« Vous n'avez pas de meilleur sort à attendre ni
« dans cette vie ni dans l'autre... Vous mourrez, un
« jour, comme des *Chiens :* si vous voulez rester
« fidèles aux grands principes de la liberté de
« penser, on vous enterrera également comme des
« *chiens* puis, après... ce sera fini : si vous avez
« souffert, vous ne souffrirez plus... quand on est
« mort, *tout est mort !...* Par conséquent, souffrez
« en paix sans penser à rien, sans vous demander si
« un jour vous serez plus heureux que vous ne l'êtes
« en ce moment... Vous êtes nés misérables... que
« voulez-vous... Vous *crèverez* misérables et vous
« disparaîtrez dans le néant... Seulement, songez
« pour vous consoler, qu'il y en a d'autres qui,
« *comme nous,* la mènent bonne et joyeuse, avec leur

« argent, quand ils en ont, ou bien, quand ils n'en
« ont pas ou qu'ils *n'en ont plus*, avec l'argent des
« autres, avec les fonds des contribuables, le denier
« de la veuve, le sou des écoles laïques ou les
« *millions* du Panama... »

Notons, en passant, que de pareils raisonnements
ne nous paraissent que de simples préliminaires
oratoires, le *La* donné pour la situation beaucoup
plus critique et plus grave qui suivra bientôt...

Il est évident que lorsqu'on a de telles consolations
à offrir aux malheureux, on a le devoir d'éloigner
d'eux le *Prêtre* ou la sœur de *Charité* qui leur
rappellent qu'ils ont une âme immortelle et qui leur
montrent, au nom d'un Dieu *juste* et *bon*, le terme
et la récompense de leurs misères et de leurs
douleurs.

Ah ! du bonheur !... Oui, il peut y en avoir encore
sur la terre pour les miséreux... Notre-Seigneur l'a
proclamé : « *Beati pauperes* » bien heureux les
pauvres.

Mais ne nous faisons point illusion... Le bonheur,
où se place-t-il ? Ce n'est pas autour de nous, dans
ces vêtements plus ou moins somptueux ; ce n'est
pas non plus dans cet intérieur qui s'appelle « *le
creux de l'estomac.* »

Le bonheur est dans le cœur, dans un cœur qui
est en paix avec Dieu, avec le prochain, avec lui-
même ; dans un cœur que Dieu habite et sait

combler de ses joies intérieurés en proportion des souffrances supportées...... En preuve, voyez les *Saints*; ils se vouent à la faim, à la soif, aux austérités de toute sorte et ce sont les plus heureux du Monde : leur front rayonne... ils possèdent Dieu !... Voilà le pain qui *rassasie* l'âme.....

Que les idées de *l'Eglise* sur l'éminente dignité du pauvre soient donc remises, parmi les classes dirigeantes, en pleine vigueur, et nous verrons disparaître le mépris d'un côté, les jalousies de l'autre, et en même temps cette séparation et cet antagonisme des classes qui porte le *socialisme* dans ses flancs. Jadis, au xiiime siècle, Saint François d'Assise, Saint Dominique et les ordres mendiants soutinrent sur leurs épaules le Monde chancelant, en le sauvant du socialisme d'alors qui s'appelait « *L'hérésie des Albigeois* », ils peuvent le sauver encore aujourd'hui par le même moyen. Qu'on laisse à l'Eglise toute sa liberté et toute son action et on verra de nouveau estimée, honorée et respectée, comme le disait récemment Léon XIII, cette *pauvreté* que naguère encore Rome a canonisée en la personne de *Benoît Labre* et de *Germaine Cousin*.

Alors tout s'explique, tout se comprend et la conséquence découle naturellement des prémices : la véritable *égalité*, la voilà — avec le *Crucifix* pour base et pour soutien, le mystère des inégalités disparaît — oui, c'est l'amour du Dieu crucifié qui a conduit les Chrétiens à tous les héroïsmes de la Charité.

Et comment aurait-il pu en être autrement ?... Comment le cultivateur aurait-il pu, aurait-il *osé* se plaindre de sa condition quand il voyait des hommes sortis des rangs les plus élevés de la société embrasser sa vie avec amour et par leur *libre choix* ? Comment aurait-il pu se plaindre de sa nourriture grossière, quand il voyait ces mêmes hommes quitter parfois une fortune opulente pour se condamner à vivre d'herbages, de gruau, de légumes mal assaisonnés, de privations et de jeunes ? Comment aurait-il osé se plaindre d'être mal logé et mal nourri, quand il voyait le *Trappiste* n'avoir pour tout vêtement qu'une bure aussi rude qu'un cilice, et pour lit qu'une planche, et cela après le labeur de ses veillées pénibles et de ses longues journées ? La vie du paysan, *aussi rude fût-elle*, était-elle aussi pénible que la vie d'un de ces Moines ? Sa dépense annuelle pouvait-elle-être évaluée, comme celle du Trappiste, en 1790, à la modique somme de « *quinze écus* »... Tel fut pourtant le crime pour lequel ces pauvres religieux furent traqués comme des êtres malfaisants, par la libre-pensée.

Les constitutions Ecclésiastiques et Monastiques ne sont pas, d'ailleurs, tellement dépourvues de sagesse et d'opportunité qu'elles n'aient été tenues en grande considération et en singulière estime par plusieurs de nos grands hommes politiques : l'histoire est là pour en témoigner — Le célèbre *Cosme de Médicis* et plusieurs autres habiles législateurs lisaient souvent la Règle de *St-Benoît* — ils la regardaient comme un fonds riche de maximes propres à former dans l'art de bien gouverner les hommes.

A l'œuvre donc, socialistes modernes ; essayez du système Chrétien, vous qui prétendez rechercher avec tant d'ardeur la solution des questions sociales..... Mais comment se résoudre à essayer d'un genre de vie qui est la condamnation *évidente* de la mollesse et de la lâcheté du monde ?... Comment, ainsi que nous l'avons dit plus haut, celui qui aime l'or, l'impureté, l'orgueil, pourrait-il aimer des vœux qui imposent la *pauvreté*, la *chasteté*, l'*obéissance !*... Nul n'aime celui qui le reprend ; or, la vie si mortifiée des religieux et des religieuses, qu'est-elle, si non une réprimande qui ne cesse jamais ?..... Voilà pourquoi nos Sans-Dieu, avec tous leurs systèmes et leurs projets plus absurdes les uns que les autres, ne seront jamais de *vrais socialistes* dans la bonne acception du mot !..... Tous leurs efforts n'aboutiront qu'à engendrer le désordre et l'anarchie ; jamais ils ne parviendront à s'entendre, même entr'eux — « Quand un homme parle à un autre « homme qui ne le comprend pas, a dit *Voltaire*, « et que celui qui parle en arrive à ne pas se

« comprendre lui-même, c'est ce qu'on appelle de la
« *Sociologie*. Tout homme qui n'est ni un fou ni un
« fourbe, doit parler pour être compris. »

En voilà un qui n'a pas tiré le rideau pour leur dire
la vérité !.... Oui, le malheur de ces doctrines
funestes est que personne ne comprend ces clartés
nouvelles et que ceux qui les expliquent sont
rarement d'accord, quand ils sont... *deux !.....*
Nous ne les suivrons pas dans leurs aberrations ;
disons seulement qu'un peu de logique les ramènerait
vite à des idées plus exactes et plus saines, mais
« il ne faut pas être logique, disait *bêtement* un
« Franc-Maçon à bout d'arguments ; quand on est
« *logique* on trouve toujours des conséquences
« détestables. »... et il continuait à déraisonner...

Assurément ses paroles n'étaient pas *d'or* ; elles
n'étaient pas même de cuivre.

C'est un commun proverbe que celui-ci : *Tant
vaut l'homme, tant valent les œuvres —* A vous, ami
lecteur, de tirer la conclusion et de vouloir bien me
dire ce que peut valoir une œuvre si les hommes qui
la patronnent et la propagent ne valent *rien* eux-
mêmes.

La sainteté, au contraire, et le communisme Chrétien qui en découle, portent dans leurs fleurs deux
principes féconds dans le gouvernement des peuples
— l'*ordre* et le *dévouement* — et l'on peut affirmer
hardiment que jamais les nations n'ont eu à regretter

de voir les Saints entrer dans le Conseil des Rois, et moins encore de se voir gouvernés par des Rois qui fussent eux-mêmes des *Saints — Prier, c'est gouverner —* disait avec raison un célèbre Ministre d'Etat, dans les beaux jours de la Monarchie Espagnole, et *Ximenès* disait juste, car prier c'est s'entretenir avec Dieu, c'est puiser la lumière à sa source même, c'est rapporter du Sinaï, comme *Moyse*, ces inspirations d'en haut qui décident du sort des peuples, c'est appeler sur soi, comme *Salomon*, le secours dé la divine sagesse. *Prier*, c'est s'éclairer soi-même pour diriger les autres, c'est s'instruire, c'est travailler, c'est encore *gouverner*.

En terminant sur ce point important, laissez-moi vous faire connaître l'opinion de Lamartine sur les socialistes de son époque :

« *Le socialisme !*..... Ah ! laissez moi vous ouvrir
« enfin une fois mon cœur. Il y a vingt ans que
« j'étudie le Socialisme ; je m'y connais. Et bien, je
« rougis pour mon siècle et pour mon pays, que
« dans une nation qui passait pour *spirituelle* autre-
« fois, comme la France, des jeunes gens sortis des
« écoles *de l'Etat* et chargés de recueillir et de
« disséminer dans le fond du pays, le bons sens
« public et l'intelligence offcielle de la nation aient
« pu descendre à ce degré de sottise et *d'hébétement*
« *d'esprit*. Est-il donc vrai qu'il y a des moments de
« décadence et d'idiotisme dans le génie éclipsé d'un

« peuple ? Est-il donc vrai que nous sommes prêts
« de tomber, nous, *Français*, dans une de ces nuits
« de l'esprit où l'on perd la mémoire même du sens-
« commun ? Est-ce donc vrai qu'il en soit des
« nations comme des Rois et que Dieu, quand il veut
« les humilier ou les perdre, commence par les
« frapper de cécité morale ? — *Quos vult perdere…*
« *demeutat !…..* »

Je n'aime pas les longues citations, mais celle-ci
est d'un haut prix et d'une particulière saveur —
aussi faut-il donner la conclusion qui est digne du
début —

Et s'adressant aux chefs du socialisme d'alors,
aux *Jaurés* de ce temps-là, il s'écrie : « Regardez-
« les, lisez-les, écoutez-les : Dieu comme pour les
« punir de leur abject et ignoble *matérialisme*
« a frappé de stupidité ces hommes de talent, et
« les a humiliés de la plus plate crédulité qui ait
« jamais déshonoré le sens-commun d'une nation.
« On rougit, quand on sort de France, de dire qu'on
« est le compatriote de pareils *somnambules !……*
« ……Ma foi ! si la Démocratie devait dégrader
« si bas l'intelligence de mon pays, je dirais plutôt :
« *Périsse la Démocratie !* » car, à tout prendre,
« la grandeur des peuples se mesure à l'échelle de
« leur intelligence, et quelques têtes supérieures
« dans l'histoire valent mieux qu'une nation
« *d'idiots !* »

Comme tout cela est vrai !... comme tout cela est juste !..... Et que d'actualité saisissante dans ces appréciations vengeresses !..... On n'a jamais *mieux* parlé du *socialisme* et en termes plus sanglants !.....

XII

L'État Monastique au point de vue Intellectuel

Au point de vue Intellectuel. — Souvenez-vous que ce sont les Moines et les Moines *seuls* qui à une époque où la science était regardée comme une dérogation à la dignité de l'homme et presque comme un déshonneur par l'élite de la Société d'alors ; à une époque où certains personnages haut placés et bon nombre de grands Seigneurs se vantaient ostensiblement de ne savoir écrire ni signer — *attendu leur qualité de Gentils-hommes* — souvenez-vous, dis-je, que ce sont les Moines, et les Moines *seuls*, qui ont conservé intact au fond de leurs retraites, au sein de leurs cloîtres retirés, le trésor inestimable des lettres, des sciences et des arts.

Vous savez bien que l'Imprimerie ne date pas de très loin : son invention ne remonte guère au delà de quatre cents ans. Avant cette époque, les exemplaires de la Bible et de beaucoup d'autres ouvrages précieux, aujourd'hui si répandus et d'un prix si minime, étaient *fort rares* et *fort chers* — il fallait fouiller au fond des couvents pour en découvrir quelques - uns, puisqu'il n'y avait que ces gros manuscrits en parchemin, œuvre colossale de ces bons *Moines* si savants et si laborieux, si dignes de la reconnaissance de l'Humanité et qui, pour tous remerciements, ont reçu des impies et des sectaires modernes, qui pourtant se disent eux-mêmes *Intellectuels*, les outrages les plus sanglants, les persécutions les plus odieuses et l'inique spoliation de leurs biens.

J'ouvre l'histoire et je lis dans un auteur peu suspect de favoriser l'Eglise, je lis dans *Guizot*, que dès le sixième siècle l'ordre de Saint Benoît fonda dans les Gaules de nombreux Monastères et chacun de ces Monastères devint une *Ecole* pour les classes populaires. Guizot apporte à l'appui, non pas des déclamations de commande, non pas des phrases de rhéteur mais des noms propres et des documents authentiques.

Au *huitième siècle*, Charlemagne veut que chaque Abbaye entretienne une *école* où les enfants puissent apprendre la lecture, l'écriture et le calcul. Ce prince attira à sa Cour les hommes les plus instruits et les personnages les plus renommés de tous les pays étrangers : il sût les fixer dans ses états, par des récompenses dignes du Monarque et des savants qui avaient quitté leur patrie pour répondre à son appel ; il ne croyait pas acheter *jamais* trop cher des hommes qui par leur talent pouvaient faire honneur à la France et à la Religion. Celui de qui il tira le plus de services fut le célébre *Alcuin*, savant Anglais, qu'il combla de biens et d'honneurs. Cet homme qui passait pour le plus bel esprit de son temps, avait enseigné dans son pays les sciences sacrées et profanes avec beaucoup de succès. Il se rendit à l'invitation du grand Empereur et conseilla à ce prince d'établir des *Ecoles* dans les principales villes et dans les grandes *Abbayes* de son Royaume.

Charlemagne suivit ce Conseil et il écrivit, à ce sujet, aux Evêques et aux Abbés une lettre circulaire pour les exhorter à former des établissements si utiles.

Un savant élève de l'Ecole des Chartes, *M. Léon Maître*, cite, à cette date, un capitulaire célèbre de Théodulphe, Evêque d'Orléans, où il est prescrit aux prêtres d'établir des *écoles* dans les bourgs et dans les Cloîtres.

En 1179, le troisième concile de Latran prescrit qu'un *maître* sera établi dans toutes les Cathédrales pour les écoliers pauvres. Or, comme déjà les Monastères dominaient à ces époques reculées et que les Religieux possédaient à peu près *seuls* le monopole de la science, il résulte clairement de cette situation que c'étaient les *Moines* qui, par la force des choses, se trouvaient chargés de distribuer l'instruction dans la plupart des écoles populaires.

Ainsi les Monastères et les maisons des Evêques étaient presque les seules écoles secondaires de ces âges passés et si l'instruction proprement dite *n'absorbait pas* tous les soins des maîtres qu'on y trouvait, elle était loin toutefois *d'être sacrifiée* à la Sainteté. C'était même la Religion qui, dès la première période du moyen-âge, avait protégé la science contre la rage de ses barbares ennemis ; elle l'avait abritée sous son aîle et sauvée du naufrage des civilisations. Depuis lors ces deux Immortelles sœurs s'étaient donné la main pour travailler de concert à la rénovation du Monde et, cimentant le pacte primitif, elles se partagèrent à l'égard de l'enfance et de la jeunesse les soins intelligents, les tendres sollicitudes de la Maternité.

Nous pouvons donc affirmer *hardiment* que c'est grâce à l'Etat Monastique que le Moyen-âge n'est pas demeuré enseveli définitivement et à tout jamais dans les profondeurs ténébreuses de l'ignorance et de la barbarie. N'est-ce pas, en effet, dans ces calmes et paisibles demeures des Moines, loin du tumulte du monde, du fracas des invasions et des scènes sanglantes de la guerre, au sein de ces solitudes *fécondes* qu'ont pris naissance et se sont péniblement élaborés ces travaux admirablés, chefs-d'œuvre de patience et d'habileté, inimitables encore de nos jours où pourtant on cherche à tout imiter et qui nous ont transmis à travers les âges, dans leurs pages immortelles, les beautés littéraires de *la Grèce* et de *Rome* qui, sans la persévérance inébranlable et le labeur intelligent de ces hommes de Dieu, auraient *à jamais* été perdus pour nous !...

N'est-ce pas dans les cloîtres et dans les Universités fameuses *(vraiment dignes de ce nom, celles-là)* qui en sont sorties plus tard, comme une fleur sort naturellement de sa tige, que se trouvaient les écoles publiques de tous les degrés où nos pères sont venus puiser, durant tant de siècles, l'instruction *Gratuite* et *Religieuse* qui, pour n'être pas *obligatoire* ni *laïque*, n'en était assurément pas moins recommandable et précieuse ?...

« Déjà au xiiime siècle, a dit Mgr Freppel, dans son « panégyrique de St-Yves, l'Eglise avait réalisé, « autant que le permettaient les ressources de « l'époque, l'idéal de l'enseignement supérieur. »

N'est-ce pas aussi dans les Monastères et à l'ombre féconde de leurs solitudes que sont écloses ces grandes et si étonnantes découvertes des plus illustres savants du Moyeh-Age — N'est-ce point de ces écoles célèbres que sont sortis à la suite de veilles, d'études et surtout d'incessantes *prières,* ces immenses et incomparables travaux de plusieurs de nos Pères de l'Eglise ; n'est-ce pas de là que nous sont venus ces ouvrages immortels des Alcuin, des Bernard, des Albert-le-Grand, des Thomas d'Aquin, des Vincent de Beauvais, des Bonaventure, des Guy d'Arezzo, des Bacon, des Thérèze de Jésus, des Mabillon, des Vaysselte, des Montfaucon, des Guéranger, des

Lacordaire et de tant d'autres savants et infatigables travailleurs ?... Tous ces labeurs inconcevables qui ont fini (pour tout dire en un mot) par détourner en quelque sorte, dans l'esprit si juste et si pratique du peuple quand il n'est pas perverti ou égaré par de fausses doctrines, le sens d'un proverbe bien connu, à tel point qu'au lieu de dire, aujourd'hui, en parlant d'un ouvrage fameux par ses difficultés ou ses vastes proportions, que c'est un travail de *Romain*, selon l'expression consacrée pendant des siècles, on dit avec plus de raison encore que c'est un travail de *Moine* ou de *Bénédictin*.

Mais à quels soins et à quelles fatigues inouïes n'ont pas dû se résigner ces ardents et infatigables pionniers de la civilisation, pour éclairer leurs semblables, pour instruire leurs contemporains et pour mériter eux-mêmes la juste renommée qu'ils se sont acquise et la récompense éternelle due à leurs gigantesques travaux ?..... Ne peut-on pas leur appliquer, comme aux Moines laboureurs, cette réflexion si judicieuse d'un poëte sacré — *Heu, quantis rapiunt astra laboribus !...* Que de veilles, que de travaux, que de peines pour gagner le Ciel !... Car, il n'y a pas ici d'illusion possible, ce n'est que pour le Ciel qu'ils ont travaillé !...

Passons, maintenant, à une époque plus rapprochée de nous — Au commencement du XVIIIme siècle, apparaît un homme en qui *s'incarne* la pensée de l'Eglise et l'amour véritable du pauvre — c'est le *bienheureux Jean.Baptiste de La Salle*, l'illustre fondateur des Frères des *Ecoles Chrétiennes*. Gentilhomme, docteur en droit, Moine, lui aussi, car il était dignitaire au Chapitre de Reims, il renonça à tous les avantages de sa naissance, de son éducation et de ses relations dans le Monde : il n'ambitionna qu'un privilège, celui de s'abaisser au niveau des plus ignorants pour les instruire. Pour cela, il se dépouille de sa fortune, il va mendier son pain et, sans autre élévation que la grandeur spontanée de ses sacrifices, il va fonder à Rouen la première de toutes les *Ecoles Normales* et rédiger les premières règles d'un Institut qui portera jusqu'à nous et jusqu'à la postérité la plus reculée, avec la méthode et la législation de l'enseignement primaire, la preuve vivante et irréfutable des sollicitudes *Chrétiennes* pour l'instruction des classes inférieures. (1)

---

(1) Au moment précis où j'écris ces lignes, je lis avec un plaisir indicible, dans le « Courrier de l'Aude » du 2 Mai 1899, cette agréable nouvelle — *Au Vatican* — « Le « décret approuvant les miracles pour la Canonisation du « Bienheureux de La Salle, a été promulgué, Dimanche, « devant le Pape, en présence des Cardinaux Mazella, « Préfet des rites et Darrocchi, relateur de la Cause de la « Canonisation — Une députation des frères des Ecoles

Enfants du peuple, quand vous voyez passer devant vous, sous son austère costume, le *Frère des Ecoles Chrétiennes*, celui que ses ennemis envieux appellent dédaigneusement « *Le Frère Ignorantin* » sans doute parce qu'il consacre sa vie à instruire les *ignorants*, ne méprisez pas cet habit de pauvreté, cette livrée sublime de simplicité. Inclinez-vous avec respect, car cette robe d'un drap si grossier recouvre l'humilité, le dévouement, la science profonde avec le talent si rare et si précieux de savoir s'abaisser au niveau des plus petits et des plus pauvres.

Si par la *lecture*, vous pouvez vivre de la vie intellectuelle et ajouter à votre expérience toutes les connaissances des âges précédents ; si par *l'écriture*, vous pouvez à votre tour communiquer aux absents et aux générations à venir le trésor de vos pensées et de vos sentiments ; si par une foule de connaissances utiles vous pouvez aborder une carrière administrative, industrielle, ou parvenir à des écoles supérieures ; si enfin vous pouvez avoir conscience de vos diverses aptitudes et de votre destinée, *souvenez-*

« Chrétiennes assistait à la Cérémonie avec le Procureur-
« Général, qui a adressé au Pape les remerciements de la
« Congrégation.
    « Le Souverain Pontife a répondu par l'éloge du Bienheu-
« reux de La Salle. »

vous que c'est aux Frères des Ecoles Chrétiennes que vous devez ces insignes bienfaits, à ces maîtres modestes qui n'ont d'autre mobile que le sentiment du devoir à accomplir, d'autre ambition que celle de vous faire du bien en s'appelant vos *frères*.

Quand le vénérable fondateur de ces instituteurs héroïques descendit dans la tombe, presque toutes les provinces de France étaient dotées de Frères et d'Ecoles.

Or, quand on songe que le nombre des paroisses avant la Révolution était beaucoup plus considérable qu'aujourd'hui et que presque partout il y avait un maître d'école — d'ordinaire un frère ou un membre de quelque congrégation religieuse — malgré l'exiguité des ressources, ne sera-t-on pas stupéfait de l'audace de ces *menteurs effrontés* qui viennent nous dire, en 1901, qu'avant 1789 l'instruction était réservée à quelques privilégiés de la naissance ou de la fortune ?,...

Il n'est guère de distribution de prix, en effet (*dans les Ecoles laïques, bien entendu*) où le Président ne se croie obligé de répéter cette fausseté historique :

« Que de belles intelligences ont dû avorter, rester
« inconnues, par conséquent improductives, dans
« cette série de siècles pendant lesquels l'instruction
« était réservée à quelques *privilégiés* de la fortune
« ou de la naissance : tandis qu'aujourd'hui, grâce à
« l'enseignement obligatoire, toutes les facultés

« intellectuelles, toutes les aptitudes ont le moyen
« de se produire et de grandir dans la mesure de
« leur valeur respective.....»

Qui croire... des gens qui cent ans après la
Révolution, sans avoir ouvert un livre d'histoire, sans
avoir feuilleté un registre de nos archives viennent
d'eux-mêmes et sans aucune preuve à l'appui, vous
dire que l'enseignement primaire est fils de la libre-
pensée, ou des auteurs *contemporains* qui n'avaient
aucun intérêt à tromper, qui parlent de faits éclatants,
connus de tous et touchant lesquels l'erreur aussi
bien que le mensonge était impossible ? De quel
droit irons-nous nous inscrire en faux contre leurs
affirmations ? Serait-ce parce que les fils de Voltaire
ont adopté cette devise du Maître : « *Mentez*, mentez
« *hardiment*, mentez *toujours*, il en restera bien
« quelque chose !...» Ou bien serait-ce parce que
le Patriarche de Ferney disait, comme La Chalotais
et Rousseau : « Le laboureur ne mérite pas d'être
« instruit. C'est bien assez pour lui de manier le
« hoyau, la charrue, la lime ou le rabot. »

Il est facile de répondre quand on n'a pas *juré* de
de faire de l'Histoire une *conspiration* évidente contre
la vérité.

Voulez-vous savoir pourquoi tant d'esprits de *bonne
foi* ont répété qu'il y avait progrès, dans notre siècle,
pour la diffusion des lumières et la multiplication des
Ecoles ?... Ecoutez la cause de leur illusion :

Quand la Révolution arriva, elle supprima, le 22 août 1792, tout l'ancien personnel de l'enseignement, et le 30 mai 1793 elle aliéna tous les biens immeubles des anciennes écoles. Des *vingt-quatre* Universités fondées du douzième au seizième siècle par les ordres religieux, avec le concours des *Evêques* et des *Papes*, vingt-trois disparurent dans la tourmente : *une seule* resta, celle de Strasbourg qui, *devenue Protestante*, conserva ses revenus, grâce à la connivence du protestantisme avec les révolutionnaires.

Les *cinq cent soixante-deux* collèges de France, où plus de soixante-douze mille élèves recevaient l'enseignement secondaire, furent tous spoliés ou fermés et les professeurs qui les desservaient mis dans l'alternative de l'apostasie ou de l'exil, quand ils ne furent pas livrés à l'exécuteur des hautes-œuvres. Les écoles primaires ne furent pas plus épargnées que celles de l'enseignement secondaire et de l'enseignement supérieur : *l'Institut* lui-même du Bienheureux J. B. de La Salle fut supprimé.

Après avoir démoli il fallut reconstruire : que mit-on à la place ?..... Le décret du 17 novembre 1794 prescrivait une école par paroisse, mais ce décret resta toujours à l'état de *lettre-morte*; ces écoles n'eurent pas la confiance des familles : aussi le savant *Chaptal* pouvait-il s'écrier en l'année 1801 : « L'éducation publique est presque nulle partout; la « génération qui vient de toucher à sa vingtième

« année est irrévocablement sacrifiée à l'ignorance —
« les écoles primaires n'existent *presque nulle*
« *part !.....*» Ce langage ne faisait que résumer les
rapports déposés aux archives et adressés au Gouvernement par les conseillers d'Etat chargés de faire,
dans les départements, des enquêtes sur la situation
du pays.

Donc la Révolution, après avoir détruit, ne recons-
truisit *rien*. L'Empire se mit à l'œuvre de la recons-
truction ; puis la Restauration, puis la Monarchie de
Juillet, puis les divers gouvernements qui se succé-
dèrent, et à mesure qu'ils ouvraient une nouvelle
école, les *partisans* du pouvoir ne manquaient pas
de s'écrier : « Voyez-vous le progrès de la civilisation
« et des lumières ? Voyez-vous notre supériorité sur
« les âges précédents ?.....»

Et le lecteur ignorant et crédule ne manquait pas
de dire : « C'est vrai !...» Les uns ignoraient, les
autres faisaient semblant d'ignorer qu'on ouvrait *une
école* après en avoir fermé *trois*.

A l'époque de la Réforme d'Henri VIII on disait à
un *célèbre* chancelier demeuré fidèle à sa foi : « Vous
« ne voulez donc pas être enterré avec vos
» Pères ? » — « Vous creuserez un peu plus bas,
« répliqua-t-il, et vous trouverez la couche de mes
« ancêtres !...» — A ceux qui nous disent : « Vous
« ne voulez donc pas admirer le progrès de nos
« nouvelles écoles ? » Nous répondrons : Traversez

« la couche du siècle présent, creusez un peu plus
« bas, allez jusqu'au siècle *passé* et là vous trou-
« verez plus de ruines entassées que d'écoles ressus-
« citées. Voulez-vous que nous appelions Progrès
« une *décadence notoire ?* »

En voilà, ce me semble, assez sur les temps
écoulés ; arrivons au siècle présent. De nos jours,
n'en déplaise à *l'Alma mater*, à la Haute et puissante
Dame, à l'illustrissime Université de France, aujour-
d'hui, en plein dix-neuvième siècle, les meilleurs
sujets dans toutes les carrières, les plus brillants
élèves dans tous les concours et les premiers numéros
dans tous les examens, ne sortent-ils pas (et ceci
n'est pas de la jactance pure — les statistiques
officielles sont là pour le prouver *surabondamment*)
de ces pieuses institutions, foyers de science comme
de vertus, dirigées par des Moines ou par des
religieux de divers ordres, mais tendant tous au
même but, ayant tous les mêmes principes et les
mêmes aspirations, professant et enseignant tous
avec le même dévouement et la même perfection —
vastes associations de sagesse autant que de savoir ;
asiles sacrés ouverts à la science autant qu'à la piété,
non moins propres à la culture de l'esprit qu'à celle
du cœur. Là, chaque talent, chaque aptitude trouvant son aliment et son exercice, placé sous la
direction de l'expérience et de la Charité, ne court
pas ainsi qu'il arrive *communément* dans le monde,

le danger de végéter et de s'éteindre dans les stériles
douleurs d'une *intelligence* fourvoyée ou repliée sur
elle-même.

« Oui, peuvent s'écrier *fièrement* ces écoles libres
« et religieuses, en se dressant avec orgueil devant
« leurs concurrents officiels, avec tout le calme et
« la dignité légitime que procure la conscience d'une
« victoire *glorieusement* conquise, oui, nous sommes
« là cultivant, défrichant avec une ardeur infati-
« gable ce champ aride et parfois si ingrat de
« l'enseignement à tous les degrés, nous exerçant
« avec patience sur ce terrain si difficile des
« sciences, des lettres et des arts, formant avec
« toute l'application dont nous sommes capables,
« ce qu'on peut appeler un *bon peuple*, des généra-
« tions de braves gens et, ce qui ne nuit en rien...
« de *gens braves !*.....

« Et vos sciences modernes sont venues, et vos
« méthodes nouvelles ont paru, et vos examens et
« vos concours se sont ouverts ; avons-nous fui,
« avons-nous évité la lutte, avons-nous lâchement
« déserté le poste, en un mot, nous sommes-nous
« dérobés ? *Nullement,* — nous sommes là, à vos
« examens, à vos concours, à la barre de vos Facultés
« et vous pouvez nous juger à nos résultats : Vous
« pouvez nous apprécier par nos œuvres — faites le
« compte de vos diplômes ; faites le calcul de vos
« places, et dites-nous *quel rang* nous occupons ?...

« Nous ne voulons pour toute sentence que votre
« propre déclaration — *ex ore tuo te judico* — pour
« tout jugement et pour toute réponse que votre
« propre parole, car c'est d'après vous-mêmes que
« nous voulons vous condamner ou vous absoudre —
« ex *verbis tuis* justificaberis; et *ex verbis tuis*
« condemnaberis —. »

Après cela, soutenez encore, si vous en avez le triste courage, que les ordres religieux ne servent à rien ; affirmez, si vous l'osez, que la *Calotte* est l'*Eteignoir* du génie, selon l'insolente et stupide assertion de l'un de vos coryphées..... Celui qui pousserait à ce point la mauvaise foi, serait aussi bien capable de soutenir qu'il fait nuit en plein jour ou que le soleil commence sa radieuse carrière aux confins de l'Occident.... Et alors, que faire vis-à-vis de pareilles gens ?... Lever les épaules, passer outre et les abandonner à leur malheureux sort ?..... *Point*... Mais leur faire miséricorde, avoir compassion de leur aveuglement, car

On a pour les fous
Plus de pitié que de courroux —

et prier Dieu pour eux afin qu'il daigne ouvrir leurs yeux à la lumière de la vérité.

XIII

L'Etat Monastique vengé au point de vue spirituel et moral

Enfin, au point de vue **Spirituel et Moral**, souvenez-vous que rien n'élève l'âme, ne la console, ne la soutient comme la prière, le silence, l'éloignement des scènes mondaines et du tumulte des affaires temporelles.

Quand le divin maître a voulu se recueillir et préluder aux travaux salutaires de sa vie publique, il s'est retiré dans le *désert* : quand il a voulu nous enseigner le véritable moyen de prier efficacement, il nous recommande d'entrer dans notre oratoire, d'en fermer toutes les issues, afin de mieux nous pénétrer de la présence de notre Père, qui est dans les Cieux ; quand, durant le cours de ses prédications, il voulait se recueillir et prier, il congédiait la foule et se retirait seul sur la montagne — *et deinissà turbâ, ascendit in montem* **solus** *orare* — et la nuit le trouvait encore seul dans ces lieux écartés — *Vespere autem facto,* **solus** *erat ibi* — Quand Magdeleine humble et repentante, prosternée aux pieds de Jésus, le contemple amoureusement et l'adore en silence, ne déclare-t-il pas lui-même qu'au lieu de s'occuper des soins bruyants du ménage, elle a choisi la *meilleure part*, et, quand nous voyons le disciple de l'amour, le doux et bienheureux St Jean, reposer sa tête sur le cœur du Divin Rédempteur, se faire, dans l'enivrement et la suavité de l'extase, comme une *retraite* incomparable, de ce tabernale sacré, ne reconnaissons-nous pas qu'il occupe bien la première place ?... Enfin, n'est-ce pas dans la salle du Cénacle que Notre-Seigneur se montre d'abord à ses disciples assemblés, dans une maison dont toutes les portes sont fermées — *fores clausœ, ubi erant discipuli congregati* — Séparons-nous donc comme eux du monde profane, des embarras et des faux plaisirs du siècle ; fermons notre cœur à la dissipation et nous goûterons la présence de Jésus-Christ dans le silence et le recueillement.

« Je la mènerai dans la *solitude*, dit Notre-« Seigneur, en parlant de l'âme Chrétienne et là « je parlerai à son cœur. »

Rappelons-nous souvent cette parole de l'écriture et prions le Ciel de nous faire la grâce que notre cœur soit digne ou plutôt ne soit pas trop indigne d'écouter cette voix...

Et de la prière dans les couvents, qu'en dirons-nous ?... « Les prières des Saints soutiennent le monde » s'écriait, il y a quelque chose comme quatorze cent ans, l'orateur Ruffin — « *Precibus sanctorum stat mundus !...* »

Comme pour se conformer à ces pieuses et saintes croyances, dans les maisons religieuses dont je parle et d'après les Constitutions Monastiques, avant comme après le travail — *La Prière.*

Entendez-vous ce bruit qui vient tout-à-coup troubler le silence nocturne, pourtant si profond dans ces solitudes ?... La nuit est déjà avancée quand le Pélerin s'éveille en sursaut, au tintement inexorable de la cloche qui retentit soudain : ce sont les Saints habitants du désert qui interrompant les courts instants consacrés au sommeil, vont chanter les louanges de Dieu.

Hi per cantica rumpunt louga silentia noctis.

C'est l'heure où les enfants de St-Benoît, où les disciples de St-Bernard vont prier : *oui*, prier pour ceux qui ne prient pas ou qui prient mal ; prier pour ceux que la mollesse ou le crime peut-être ensorrent, à cette heure, dans leurs bras voluptueux !...

Je me souviendrai *toujours* d'avoir assisté, *un matin*, à ce magnifique et saisissant office de *Fontfroide*, qui commence à trois heures. Ce sont les mêmes chants, les mêmes cérémonies, le même esprit qu'à Clairvaux au temps de sa splendeur et de sa ferveur première. Quel spectacle pour ceux qui se plaisent aux aspects sévères et grandioses du Catholicisme, pour les âmes avides de ces émotions profondes qui *secouent* et *renversent* l'homme du côté de *Dieu* et de *l'Eternité*, selon l'énergique expression de Bossuet, qui ne dédaignait pas d'assister lui-même à ces pieux exercices pendant ses visites annuelles à l'Abbaye de la « *Maison Dieu de Notre-Dame de la Trappe* » auprès de son illustre ami, le Saint *Abbé de Rancé*.

Ah ! au lieu de promener dans nos rues et sur nos places publiques nos ennuis et nos inutilités sans fin, allons nous instruire à cette *grande école* de la vie humaine !... Là, seulement, la conscience plane en face d'elle-même et sous l'œil de Dieu ; là, seulement, elle apprend à méditer et à se former par de salutaires et solides réflexions.

Depuis Abraham jusqu'à Jésus-Christ et depuis Jésus-Christ jusqu'à nous, quand Dieu a voulu élever une âme à une haute perfection, il l'a tirée de *son pays* et il l'a détachée de tout.

Ne nous étonnons donc pas quand nous entendons un Saint Benoît nous affirmer qu'il a plus appris dans la retraite, au fond des bois et des forêts, que dans tous les livres du monde. « plus didisci in *sylvis* quam in *libris* » ni quand Saint Bernard nous déclare que pour lui, il trouve dans la solitude sa béatitude suprême — *ô beata solitudo, sola beatitudo !*

Quand d'une promenade de nos villes nous regardons un beau Ciel scintillant d'étoiles, au milieu d'une véritable nuit argentée : quand nous jouissons du calme que l'ombre et le sommeil ont répandu sur la cité ; quand dans l'azur foncé de son Paradis, Dieu vient de mettre le feu à des myriades de globes étincelants, qui semblent être le bouquet d'un feu d'artifice monstre tiré dans l'Infini, notre âme ne se sent-elle pas déjà comme dégagée de beaucoup des liens qui l'attachent aux intérêts du monde ?... Dans le désert, c'est bien autre chose !... et les ailes qui nous rapprochent du Ciel s'y déploient bien mieux !.....

N'est-ce pas aussi dans la retraite que se retirait notre vaillante héroïne, j'allais dire notre... « *Sainte* » Jeanne d'Arc, mais à l'exemple de Léon XIII je me reprends et je dis... « Pas encore... *bientôt....* N'est-ce pas à Notre-Dame de Domremy, à Notre-Dame de Bermont, à Notre-Dame des Voûtes qu'elle se réfugiait lorsque pressée de s'entretenir seule avec celui qui l'inspire, elle recherchait la solitude ?..... N'est-ce point dans ces lieux retirés, aux champs, au milieu de son paisible troupeau que St-Michel, Ste-Catherine et Ste-Marguerite lui faisaient entendre ces voies *mystérieuses* qui lui ordonnaient de voler au secours de son gentil prince, le Roi de France Charles VII..... et, n'est-ce pas du sein de cette solitude que sortit, alors que tout semblait *désespéré*, le salut et la délivrance de notre chère et bien-aimée Patrie ?

« Si Dieu me faisait la grâce, écrivait un jour le
« pieux réformateur de la Trappe, de me donner
« *cinquante* livres de rente, dans un lieu où je ne
« connaisse personne, je m'estimerais trop heu-
« reux !..... »

Il ajoutait encore avec sa profonde expérience des
hommes et des choses, ces paroles remarquables :
« Les remparts et les retranchements sont d'une
« extrême nécessité pour beaucoup de gens : le vrai
« moyen d'être fort est d'être *seul* et le plus assuré
« est de l'être, en effet, *selon le corps*, car les imagi-
« nations des choses éloignées sont beaucoup moins
« vives et font de plus légères impressions que celles
« des objets que l'on voit incessamment et à tous les
« instants du jour. »

Et Boileau, avec son gros bon sens caché sous le
voile de la satire, n'a-t-il pas dit, à peu près à la
même époque, en parlant de la solitude :

Qu'heureux est le mortel qui du monde ignoré,
Vit content de lui-même, en un *coin retiré !*.....

Rien, d'ailleurs ne rapproche plus l'âme du séjour
éternel où elle doit aspirer sans cesse, du ciel sa
véritable patrie, que le recueillement dans la retraite
— là, elle s'élève à des hauteurs incommensurables
qui lui font apercevoir clairement tout le néant des
choses d'ici-bas —

« *Que la terre est petite à qui la voit des Cieux !... »*

a dit quelque part Delille après un grand Saint, car les Saints et les poètes se rencontrent quelquefois.

Ainsi les pieux Cœnobites estimaient à leur juste valeur les grandeurs humaines : ainsi les Saints et les *philosophes* eux-mêmes de tous les âges ont foulé aux pieds ce qui brillait aux yeux des autres hommes, fortune, gloire, plaisirs, honneurs de toute sorte et se sont fait traiter de fous par leur *sublime sagesse.*

Un ancien a dit : « Je ne suis jamais allé parmi les hommes, que je n'en sois revenu *moins homme* » et l'Imitation de Jésus-Christ, ce livre, le plus beau qui soit sorti de la main des hommes, car l'Evangile *n'en est pas*, ajoute : « C'est dans le silence et dans le « repos que profite une âme pieuse, qu'elle y décou- « vre les mystères cachés de l'Ecriture. »

Avouez, à votre tour, si vous voulez être de bonne foi, que vous n'êtes guère sorti des conversations du monde, sans être plus coupable aux yeux de Dieu, que vous ne l'étiez en y entrant.

Enfin, le grand Racine, dans son *enthousiasme* pour la retraite, ne s'écriait-il pas lui aussi :

> Mais toi, solitude féconde,
> Tu n'as rien que de saints attraits
> Qui ne s'effaceront jamais
> Qu'avec l'écroulement du monde !...

Dans un autre ordre d'idées, J.-J. Rousseau écrivait de son côté : « J'ai cent fois pensé que je n'aurais

« pas vécu trop malheureux *à La Bastille*, n'y étant
« tenu à rien qu'à rester là. » Contre son habitude,
le père du paradoxe, en s'exprimant ainsi, émettait
une pensée bien profonde et bien vraie !...

Dans les temps modernes, les Bernardin de
Saint-Pierre, les Châteaubriand, les Lamartine,
l'infortuné Victor Hugo lui-même et une foule
d'autres grands génies ont avoué que rien ne les
avait impressionnés dans la vie comme le *silence*
profond et solennel des *déserts* : ce n'est point, en
effet, par la grande et terrible voix de son tonnerre,
les mugissements de la mer et des vents en fureur,
le fracas des ouragans et des tempêtes, le génie de
l'éloquence, que Dieu parle avec plus d'empire et
d'énergie, mais par le recueillement et le calme dans
les solitudes — *non in commotione Dominus* — Alors,
seul avec nous, il nous fait frissonner, il nous
accable, il nous terrasse sous le poids de la divine
majesté.

« J'ai, dit Guillaume II à un banquet que lui offrait
« la Diète de Brandebourg, j'ai contemplé, la nuit, la
« haute mer, le Ciel étoilé, les espaces immenses de
« l'Infini, et des pensées *toutes nouvelles* me sont
« venues. »

Et ce besoin de solitude n'est-il pas, d'ailleurs,
inhérent à notre pauvre nature ?... Quel homme, en
effet, dans les grands ennuis, dans les chagrins
amers, après les terribles épreuves de cette vie toute

remplie de misères, trompé par les déceptions les
plus cruelles, par les illusions les plus décevantes,
accablé par des *pertes ruineuses*, succombant sous
le coup de malheurs inouïs et quelquefois immérités,
sous le coup de catastrophes peut-être sans exemple,
abandonné de tous et livré pour toute consolation à
sa propre infirmité, obligé de fuir ses amis, ses
parents, sa patrie elle-même, ne s'est pas senti en
proie à de violents accès de découragement et de
mysanthropie ?.... Qui n'a pas été tenté souvent de
transformer sa maison, *s'il en a une*, en un cloître
retiré ; sa chambre, si du moins il lui en reste *une
encore*, en une cellule isolée ; de se confiner dans
quelque lieu écarté, caché, perdu, loin, bien loin du
commerce des hommes et de la société de ses semblables ?... Qui n'a pas rêvé le bonheur des
anachorètes et des ermites, qui n'a pas été par la
pensée et par le désir, *plusieurs fois Trappiste* dans
sa vie ?.....

« Oh ! douce et grave solitude !..... s'écriait
« M. de Maistre, j'ai connu les charmes dont tu
« enivres tes amants !... Malheur à celui qui ne
« peut être seul, un jour dans sa vie, sans éprouver
« le tourment de l'ennui et qui préfère, s'il le faut,
« converser *avec des sots* plutôt qu'avec lui-
« même !..... »

Le Père Lacordaire que je ne me lasserais jamais
de citer, en méditant peut-être la pieuse sentence de

l'Immortel auteur de l'Imitation, que j'ai rappelée déjà : « Je ne suis jamais allé parmi les hommes que je n'en sois revenu moins homme » écrivait à son tour :

« J'ai dit adieu aux montagnes, aux vallées, aux
« fleuves, aux rivages, aux collines, aux ombrages
« bien connus, pour me faire dans ma chambre, entre
« Dieu et mon âme, un horizon plus vaste que le
« monde..... Un homme se fait *en dedans* de lui et
« non *en dehors.* »

Il ajoutait : « Je ne serais jamais content de moi
« que lorsque j'aurai trois châtaigniers, un champ
« de pommes de terre, un arpent de blé, une cabane
« au fond d'une vallée ou sur une haute monta-
« gne !..... »

Il disait encore : « La solitude est une grande
« force qui préserve l'âme de bien des périls..... La
« solitude est la Patrie *des forts.....* Je sens avec
« joie la solitude se faire autour de moi, c'est mon
« élément, ma vie..... on ne fait rien qu'avec la
« solitude !..... »

Sur ces « *ailes du repos* » comme il les appelait dans son langage imagé, il s'élevait au dessus des vains bruits de la terre et jouissait de cette mélancolie qui navre et enivre à la fois, nostalgie des grandes âmes et des saints, dont il parlait volontiers.

Il pourra sembler à certains que j'affirme des choses bien extraordinaires quand je dis que la solitude, appuyée sur les *croyances religieuses*, est d'une utilité incontestable, procure le bonheur de l'âme et même du corps ou contribue puissamment à l'obtenir, et cependant telle est l'opinion des *mondains* même les plus avancés de nos jours. Ecoutez l'un de nos écrivains les plus illustres :

— « Des hommes se réunissent et habitent en « commun : en vertu de quel droit ?

— « En vertu du droit d'association.

— « Ils s'enferment chez eux ; en vertu de quel « droit ?

— « En vertu du droit d'aller et de venir qui « implique le droit de *rester chez soi*.

— « Là, chez eux, que font-ils ?

— « Ils parlent bas, ils baissent les yeux, ils « travaillent, ils renoncent au monde, aux sensua- « lités, aux plaisirs, aux honneurs, aux orgueils, aux « vanités, aux intérêts ; ils sont vêtus de grosse « laine ; pas un ne possède en *propriété* quoi que ce « soit.

« En entrant là, celui qui est riche se fait pauvre ; « ce qu'il avait, il le donne à *tous*. Celui qui était ce « qu'on appelle noble, gentilhomme ou seigneur est « l'égal de celui qui était paysan. Ils secourent les « pauvres, ils soignent les malades, ils élèvent les « enfants, ils élisent ceux auxquels ils entendent « obéir; ils se disent l'un à l'autre « *mon frère !* »

— « Ils prient qui ? *Dieu.*

« Les esprits irréfléchis, les rapides, les *sectaires*
« aussi disent « à quoi bon ces figures immobiles du
« côté du mystère ?... A quoi servent-elles ? Qu'est-
« ce qu'elles font ?...

« Il n'y a pas d'œuvre plus sublime que celle que
« font ces âmes ; il n'y a point peut-être de travail
» plus utile. Ils *font bien*, ceux qui prient pour ceux
« qui ne prient jamais. »

Qui parle ainsi ?... *Victor Hugo.*

Madame *Séverine*, que l'on se gardera, certes,
d'accuser de mysticisme et que quelques-uns de mes
lecteurs trouveront peut-être un peu trop *fin de siècle*,
n'écrivait-elle pas, dans le *Gaulois*, si je ne me
trompe pas, à la date du 19 Juin 1890, en parlant
d'une expulsion de religieux qui venait d'avoir lieu,
ces lignes remarquables :

« Heureux ceux qui l'ont la foi naïve, sincère, sans
« trouble, sans doute, sans esprit d'examen... ce
« que nos pères appelaient naïvement : *la foi du*
« *Charbonnier.*

« Entre l'être qui arrive au bout de son voyage en
« disant que tout est fini, que rien ne subsiste plus
« de lui... qu'il est tombé, on ne sait pourquoi, dans
« son berceau, qu'il tombera, demain, on ne sait
« pourquoi dans son cercueil, et celui qui espère,
« qui veut survivre au néant et à la pourriture, qui
« aime et qui a foi... Ah ! Certes, le plus heureux
« n'est pas *l'incroyant* !.....

« Souffrir, toute une *courte* vie, pour mériter
« toute une *éternité* de délices — hélas ! qui n'y
« consentirait !.....

« Je les envie, ceux-là, les simples, les désabusés,
« ceux qui au fond des campagnes ou au fond des
« *cloîtres* et des *déserts* ont pour tout livre l'Evangile
« ou lui sont revenus ; ceux dont le front lisse n'a
« pas connu la ride sombre de l'adversité ou qui l'ont
« senti effacer doucement par le doigt blanc de la
« Prière.

« Ils vivent dans la paix des champs ou des *enclos*
« *murés ;* ils ne nous connaissent point ou nous ont
« oubliés... Ah !... oui, je les *envie !*... Et il me
« semble odieux qu'on vienne troubler leur rêve et
« qu'au nom de la *liberté* on les empêche d'être
« *libres !*...

« Vous dites qu'ils se trompent !... Comment le
« savez-vous ?... Et, *que vous importe*, d'ailleurs,
« s'ils croient que c'est le bonheur, le *salut !*... De
« quel droit, parce que vous ne croyez à rien ; parce
« que vous n'espérez rien, parce que vous n'aimez
« rien ni personne en ce monde, parce que votre
« âme est vide et désolée, parce que les ronces y
« poussent et les reptiles y rampent comme en une
« chapelle abolie, voulez-vous arracher de leur âme
« les lys mystiques ?... *De quel droit ?*... »

Que de grandeur, que de vérité, que de sincérité
dans ces quelques lignes tombées d'une plume pro-

fane !... Ces accents si purs n'appellent-ils pas les rayons illuminateurs de la miséricorde divine ?... Espérons !...

Et enfin, plus récemment encore, n'entendons-nous pas M. Charles Floquet, ancien Président du Conseil des Ministres, ex-Président de la Chambre des Députés, courbé sous la main toute puissante d'un Dieu vengeur, anéanti sous les coups de la Justice divine s'écrier, dans un moment de délire peut-être, mais au moins de douloureuse *franchise :*

« Ah ! si j'avais *la foi*, je me ferais *Trappiste !...* »

(Eclair — Lundi 16 Janvier 1893) (1).

---

(1) Depuis lors M. Floquet est mort ; au mois de Janvier 1896 il est allé grossir la triste et lamentable phalange des Gambetta, des Paul Bert, des Ferry, des Burdeau, etc., etc. Ses impitoyables *amis* ont empêché le prêtre d'approcher de sa couche funèbre; ses obsèqnes ont été purement *civiles*, et en voyant passer cette lugubre et morose suite de *manifestants*, cette procession macabre organisée par les soins et aux frais d'un *Etat impie*, plusieurs ont eu sans doute l'idée qui vint à Saint Augustin, peut-être dans une circonstance analogue : « On les loue, disait-il, sur la terre où ils ne sont pas, tandis qu'ils sont tourmentés au fond des enfers, où ils se trouvent ensevelis : « *Laudàutur ubi non sunt, cruciantur ubi sunt.* »

Oh Dieu ! souvenez-vous que vous êtes un Dieu miséridieux et sauveur !...

Quelle profonde et saisissante leçon dans ce peu de mots !... Quelle morale et quels enseignements salutaires ne pouvons-nous pas en retirer, et quel court mais éloquent plaidoyer *en faveur* de la Sainteté et de l'utilité de la vie religieuse !... Ah ! comme il aura toujours éternellement raison celui qui a dit aux malheureux : « Venez à moi, vous tous qui souffrez, « vous tous qui vous sentez accablés du poids des « infortunes... *et je vous soulagerai !...* »

XIV

Les Couvents ne sont pas des prisons

D'accord !... me direz-vous pour si peu que vous soyez de bonne foi, raisonnable et honnête ; j'admets avec vous l'exactitude et la véracité de vos assertions et cependant, encore une fois, pourquoi se retirer complètement du monde, pourquoi dire un « *Adieu* » éternel à toutes les affections, même les plus légitimes ; quelle nécessité d'abandonner pour toujours, je dirai même plus, de mépriser presque, de fouler en quelque sorte aux pieds (*per calcatum perge patrem*) ceux que l'on aime et que l'on chérit le plus tendrement sur cette terre, pour aller s'ensevelir au fond d'un désert ou cacher sa vie au sein de ces murailles désespérantes qu'on appelle un *Monastère* et qu'on pourrait plus exactement appeler... *une Prison* ?... Oui, pourquoi ?...

Je vous répondrai d'abord avec un grand écrivain et un profond moraliste de ce siècle — **Frédéric Ozanam** — que l'Anachorète Chrétien ne méprise pas et ne délaisse point ses proches et ses semblables. Vous avez pu croire qu'au moment où il abandonne derrière lui son vieux père, sa vénérable mère en pleurs, ses frères, ses sœurs, ses amis, tout ce qu'il a de plus cher au monde, vous avez pu croire qu'il allait les oublier, qu'il allait oublier tous les hommes... *Non !...* détrompez-vous... Il les quitte dans le temps, pour suivre les Conseils Evangéliques, mais il sait très bien, en agissant ainsi, que l'Evangile au lieu d'être la *mort* du cœur et de l'âme, en est au contraire le guide et la véritable *règle.*

Pour aimer davantage son Dieu en aimera-t-il moins ses proches et ses parents ?... *Non :* il retrouve son père, sa mère, tous ceux qu'il a quittés — il les retrouve à toutes les heures, tous les jours, toutes les nuits, à tous les instants par le souvenir et les *élans du cœur,* dans la contemplation, dans l'amour, dans la Compagnie de ce Dieu avec qui il va s'entretenir et la prière même ne sera qu'une autre manière d'aimer et de servir les hommes, de coopérer à l'œuvre de purification et de régénération du genre humain.

Ah ! que le monde se méprend *étrangement* lorsqu'il pleure ou plutôt quand il semble pleurer sur celui qui lui dit « *Adieu* » comme s'il pleurait sur un *mort.* Il lui croit des regrets de ce qu'il abandonne... et il goûte en ce sacrifice d'inexprimables jouissances : il le voit renoncer à des biens périssables et fragiles, et il ne voit pas le bien véritable, le bien souverain que Dieu met à sa place ; il voit les Croix et il ne voit pas les consolations qui en découlent — « *Vident cruces — non vident unctiones.* »

Le Père *Marie Ephrem*, du diocèse de Perpignan, mort jeune encore, sous la livrée des Trappistes d'Aiguebelle, écrivait à ses parents : « Que vous « dirai-je !... Je croyais, en venant ici, avoir des « sacrifices à faire ; la bonté divine s'est plu à *me* « *détromper* : mon amour du silence et de la solitude «- est pleinement satisfait ; séparé de vous *en appa-* « *rence*, je ne le suis pas *en réalité*, car je vous « retrouve sans cesse dans le cœur de Jésus !... »

Non, les murs d'un Cloître ne sont pas ce qu'un vain peuple pense, les murs d'une *prison* dans laquelle gémissent de tristes et inconsolables victimes : ce sont des murs bénis, c'est un jardin de délices où fleurit et s'épanouit le seul bonheur sans mélange et sans ombre qui se puisse trouver icibas, dans la victoire chèrement achetée de l'âme sur les passions, dans la sainte amitié de Dieu et de ses frères.

Et pourquoi, d'ailleurs, parleriez-vous de *Prison* à l'occasion des Monastères et des heureux habitants qu'ils renferment ?... Pourquoi, imprudents que vous êtes, pourquoi cette assimilation si peu exacte et si *peu respectueuse* entre des choses absolument disparates !... Est-ce bien à vous, gens du monde ou

Magistrats, Procureurs ou Policiers, Juges d'instruction ou Commissaires, à quelque degré de la hiérarchie sociale que vous apparteniez, à rappeler le souvenir émouvant de ces tristes lieux ?... Souvenez-vous que tous ceux qui ont le bonheur de peupler les *Cloîtres* ou les *Séminaires* y sont entrés volontairement et de leur plein gré, sans nul besoin d'avoir recours à la force publique, tandis qu'aucun de ceux que vous détenez dans vos établissements, à tort ou à raison (mais plutôt à tort qu'à raison) dénommés *pénitentiaires*, n'a nullement insisté pour obtenir son admission. Souvenez-vous que vos lieux de détention sont des retraites *forcées* dont un écrivain spirituel a cru pouvoir écrire, en faisant allusion à un usage généralement adopté dans le monde : « Ce serait charmant si on pouvait faire dire *qu'on est sorti.* » Souvenez-vous que quelque rudes que soient la pénitence, le régime et la manière de vivre dans les Couvents même les plus réguliers et les plus austères, ils sont loin, assurément, d'égaler la *rigueur* des châtiments corporels ou moraux que vous vous croyez en droit d'infliger à vos semblables, bien souvent innocents ou victimes de circonstances fâcheuses totalement indépendantes de leur volonté. Souvenez-vous enfin que, sans vouloir, certes, rien enlever à la majesté de la Justice ni à l'à-propos des punitions, nous devons cependant reconnaître qu'il est des *bornes* que l'Humanité ne vous permet pas de franchir

(mais que vous outrepassez, malheureusement, trop souvent) sous peine de dépasser la limite qui sépare la répression de la *Barbarie*..... Ah ! que La Bruyère avait raison, *cent fois* raison, quand avec son bon sens habituel et sa finesse accoutumée, il disait : « Il faut des saisies de terres et des enlève-
« ments de meubles, des prisons et des supplices,
« *je l'avoue*, mais Justice, lois et besoins *à part*, ce
« m'est une chose toujours nouvelle et *pénible* de
« contempler avec quelle *férocité* des hommes
« traitent d'autres hommes !...

Disons en passant qu'après avoir gardé un inculpé pendant *plusieurs* mois en état d'arrestation, le Parquet a eu plus que le temps nécessaire pour faire son enquête : on peut même dire que s'il a mis tant de temps à la faire, c'est qu'il voulait épuiser *tous* les moyens dont il disposait pour établir la culpabilité du prévenu et ne pas lâcher sa proie.

Cette longue détention préventive prouve donc *surabondamment* l'innocence de l'Inculpé. Pour que le Parquet ne l'ait pas relâché plus tôt, il faut que son innocence soit incontestable..... Ils vont bien les Parquets de notre République fin de siècle !...(1)

---

(1) Je me permettrai de citer ici une anecdote dont je puis garantir l'authenticité — Je me souviens d'avoir entendu un *Procureur Général*, nouvellement installé, peu

Et Mirabeau, votre grand Mirabeau, dont assurément vous ne suspecterez ni le patriotisme ni le libéralisme, n'a-t-il pas écrit plus tard :

« L'esprit humain ne conçoit pas sans être pénétré « d'horreur la « *question préparatoire* » qu'on « employait autrefois en France. Eh bien, l'empri- « sonnement *longtemps avant* le Procès provient de « la même source, car dans les deux cas, *on com-* « *mence* d'abord par infliger une peine et ensuite on

---

de temps après l'acquittement d'un inculpé bien connu, s'écrier, après avoir pris une connaissance approfondie du dossier de l'affaire, qui l'intéressait à un point de vue spécial : « Il faut que M. X... soit, non pas une fois, mais « *cent fois* innocent des faits dont on l'accusait, pour « n'avoir pas été condamné, car dans ma longue carrière « de Magistrat, je n'ai *jamais vu* une instruction aussi « rigoureusement menée, *aussi minutieusement* conduite « que la sienne !... Je le repète, il faut qu'il soit non pas « une fois, mais cent, mais *mille fois* innocent, car on n'a « rien négligé pour le trouver coupable. »

Parbleu, il s'agissait ici du procès d'un conservateur doublé d'un *Catholique*.... Le Juge d'instruction et le Procureur de la République étaient convaincus de l'innocence de l'accusé, après *neuf mois* de prison préventive, mais le ban et l'arrière ban de la *Franc-Maçonnerie* avaient donné comme un seul homme et les Magistrats des *nouvelles couches* n'avaient rien négligé pour donner satisfaction *à la secte*... Ce ne fût pas leur faute, s'ils allèrent *s'échouer* contre un acquittement éclatant !.....

« examine *à loisir* si le malheureux qui la souffre est
« innocent ou coupable. Après avoir été privé de sa
« liberté pendant des mois et quelquefois des années
« entières, après avoir souffert durant un long inter-
« valle toutes les horreurs de *l'incarcération*, l'infor-
« tuné prévenu est enfin conduit devant le Jury qui,
« sur ses interrogatoires et après les débats les *plus*
« *sérieux*, le déclare *complètement innocent*... Qu'en
« résulte-t-il ?... A la vérité, sa réputation est
« *rétablie*, mais sa santé, sa tranquillité, sa considé-
« ration si fortement ébranlées ne le seront peut-être
« jamais... Peut-être a-t-il perdu pour *toujours* les
« moyens de gagner sa vie !... »

— « Les angoisses d'une prison, disait ailleurs le
même écrivain, où l'on ne laisse au malheureux que
le *souffle*, sont un supplice incomparable à tout
autre... Quelle *mutilation* de l'existence !... C'est
cesser de vivre et ne pas jouir du *repos* que procure
la mort !... »

Voilà ce que disait La Bruyère, et après lui Mirabeau — voilà quelques-unes des aménités de *vos*
Cloîtres, à vous — nous en passons... et des plus
belles... et des mieux avérées.

Comparez maintenant ces tortures *infernales* avec
les douceurs de la vie religieuse. Un auteur profane,
que Dieu dans sa miséricorde a bien voulu éclairer et
attirer à lui, au déclin de ses jours, *Paul Féval*, a

écrit quelque part : « En un endroit qu'il me serait
« facile de désigner, il est une prison étrange
« où les détenus sont captifs de par leur *volonté* et
« libres de *par la loi*... La solitude est leur péni-
« tence... Là, vous ne trouverez que la paix, l'oubli,
« le silence, l'apaisement ; la paix dans l'esprit, la
« paix dans le cœur, la paix dans les sens, la paix
« au dedans, la paix au dehors, la paix *partout*...
« *Pax Domini semper !...* »

Voilà le Monastère Chrétien ; le voilà tel qu'un
esprit sensé doit le considérer, non seulement au
point de vue de la foi, mais même avec les simples
données et à la seule lumière de la *raison humaine.*

Voulez-vous comme conclusion définitive sur ce
point, connaître l'opinion d'un *trop fameux dynami-
tard*, mort il y a quelques années à peine sur l'échafaud, et apprendre de lui la différence qui existe
entre les Couvents et les prisons ? Ecoutez :

« Autrefois, dit *Emile Henry*, le Cloître s'ouvrait
« pour les âmes fatiguées ou rebutées par le specta-
« cle du monde : aujourd'hui, nous n'avons de refuge
« que dans les hôpitaux ou les *prisons ;* nous n'avons
« pas gagné *au change !* »

Ne semble-t-il pas donner à entendre par ces
quelques mots d'une amertume poignante, que pour
lui les prisons et les hôpitaux, surtout *laïcisés* comme
ils le sont maintenant, ne sont pas une compensa-

tion suffisante en regard de la suppression et de la démolition des Monastères ?

Ah ! je comprends, sans un grand effort de génie, avec combien de raison Eugénie de Guérin a pu écrire dans son *Journal :*

« Que deviendra-t-il, seul au monde, ce pauvre
« malheureux qui, de quelque côté qu'il se tourne,
« n'entrevoit nulle part une lueur d'espérance ?...
« *Le Cloître* peut lui ouvrir ses portes... Il est la
« consolation de bien des cœurs meurtris : et les
« coups qui frappent avec cette cruauté sont souvent
« une indication à l'âme qui *sait comprendre* qu'elle
« est faite pour une autre vie, d'autres travaux, d'au-
« tres espérances... »

Ne venez donc plus établir cette sorte de parallèle injurieux entre nos Couvents où chacun vit librement, saintement, et vos prisons ou vos prétendues maisons de correction, que l'on pourrait plus exactement appeler « *maisons de corruption* » : ne comparez plus jamais nos établissements religieux à ce « *Carcere duro* » dont parle Sylvio Pellico, après en avoir fait une si cruelle expérience, à ces repaires infâmes non moins qu'infamants où grouillent et végètent des êtres sans nom, des « *numéros* » soumis au plus dur et au plus dégradant de tous les esclavages, en proie au plus horrible désespoir et n'ouvrant presque jamais la bouche que pour proférer d'inutiles imprécations et *d'épouvantables* blasphèmes... Vous feriez preuve de la mauvaise foi la plus insigne en persistant dans votre erreur volontaire, et aussi de la plus crasse et et de la plus grossière ignorance en nous prouvant que vous ne connaissez pas le premier mot ni les éléments les plus rudimentaires du sujet délicat que vous traitez.

XV

Réponse à une dernière objection :
L'Etat Monastique n'est pas sans taches

Mais enfin, me direz-vous peut-être en finissant, vous serez bien obligés d'avouer, car vous ne pouvez le nier, qu'il se produit parmi les Moines et dans les Couvents (nous en avons le déplorable spectacle sous les yeux, même de nos jours) comme dans les rangs du Clergé séculier, des chûtes regrettables, des abandons injustifiables, des trahisons flagrantes, des *apostasies* palpables et visibles à tous les yeux.

Je ne dis pas non... et je ne chercherai nullement à le dissimuler. Je répondrai toutefois, et, je crois, avec infiniment de raison : « Que l'homme est toujours homme et que, par conséquent, aucune des faiblesses de l'humanité ne lui est étrangère — *Homo sum et humani nihil a me alienum puto,* » a dit Thérence... et Thérence a raison ; que la retraite dans un Monastère ne met pas à l'abri des tentations ni des suggestions perfides de l'esprit malin ; que d'après le judicieux auteur de l'Imitation, l'habit et la tonsure servent peu — *habitus et tonsura modicum* *conferunt* — que la vie religieuse ne confère à aucun de ses membres l'*Impeccabilité*, qui n'est pas de ce monde ; que l'on a vu les colonnes du Temple s'ébranler et crouler, les docteurs et les forts eux-mêmes fléchir et tomber ; que les Cœnobites dans leur asile ne sont pas, pour cela, plus saints que David ni plus sages que Salomon, qui ont péché pourtant... Et, qui ne tombe pas en ce monde où la tentation est de *toutes les heures* et où la faiblesse dure toute la vie !... Il appartient à Dieu seul de juger la gravité de la faute et la force de l'entraînement.

Mais, qu'importe après tout, ici ou là quelques ombres légères au milieu des *splendeurs* que nous offre le ravissant tableau de la vie Sacerdotale et Monastique.

Le Ciel n'est pas moins pur quand une étoile tombe !...

« La Religion n'a aucun intérêt, d'ailleurs, à cacher les fautes de ses enfants ; elle est assez *forte* pour avouer leur faiblesse à la face de l'Univers entier, » a dit le Père Lacordaire.

Et le Pape Léon XIII lui-même n'a-t-il pas dit dans son Encyclique (Août 1899) : « L'histoire de l'Eglise « n'a rien à dissimuler. *Dieu n'a pas besoin de nos* « *mensonges.* Elle constitue à *elle seule* une magnifique « et concluante démonstration de la vérité et de la « divinité du Christianisme, et ce malgré les épreuves

« que les fautes de ses enfants et parfois même *de ses*
« *Ministres* ont fait subir à cette épouse du Christ. »

Non, disons-le hautement, la gloire de Dieu ne fût
jamais intéressée à cacher les défaillances de ses
ministres : les incroyants peuvent s'en réjouir, les
faibles s'en étonner, les esprits fermes dans la foi en
prennent sujet d'admirer la *supériorité* du Christianisme, qui n'a jamais imaginé ses prêtres comme
les Stoïciens veulent leurs sages, comme des
hommes *impossibles*, sans passions et sans faiblesses.
Il les conçoit tels que la nature les a faits, passionnés,
faillibles, mais capables d'effacer par un jour de
repentir, avec la grâce et l'assistance *divines*, plusieurs années de faiblesse et d'erreur.

Me jetterez-vous en guise de preuve le nom de
quelque mauvais prêtre ?...

Mais ne voyez-vous pas que l'exception *confirme*
la règle ?..... on ne remarquerait pas un mauvais
prêtre si l'immense majorité n'était pas sainte, pure,
vénérable, et, suivant un axiome bien connu, rien ne
fait mieux apparaître les choses opposées que de les
mettre l'une auprès de l'autre « *opposita juxta se
posita magis elucescunt* ».

Une tache d'encre paraît vivement et, comme dit le
vulgaire, *saute aux yeux* sur une robe blanche ; on
la verrait à peine si la robe était noire ou souillée :
ainsi en est-il du sacerdoce Catholique à qui, par

toutes ses attaques *injustifiées*, l'impiété rend un hommage involontaire.

N'a-t-il pas été prédit, au reste, qu'il y aurait des *scandales*, qu'il était *nécessaire* même que les scandales arrivent ; que l'ivraie croîtrait avec le froment ; que l'*Eglise* est une aire où la paille est mêlée avec le bon grain ?.....

Les vices ont leur source dans les passions que la religion ne *détruit pas* ; elle apprend à les dompter, mais elle n'ôte pas la liberté de les suivre ; tant que l'Eglise sera sur la terre, il y aura des scandales parmi les fidèles ; il y en aura même parmi ses *minis-tres* : Jésus-Christ a promis au corps des Pasteurs l'infaillibilité dans l'enseignement ; mais il n'a pas promis la *Sainteté* dans la conduite :

« Quoique le bon exemple des Pasteurs soit un bon
« moyen pour insinuer l'Evangile, dit Bossuet, Dieu
« n'a pas voulu attacher la marche précise de la
« vraie foi à l'innocence de leurs mœurs, parcequ'on
« *ne peut pas* connaître cette innocence, et que tel
« qui paraît saint n'est *quelquefois* qu'un hypocrite ;
« mais il l'a attachée à la *profession* de la doctrine
« qui est publique, certaine et ne trompe point. Il a
« dit — Je serai avec vous *enseignant* — mais il n'a
« pas dit — Je serai avec vous *pratiquant* tout ce
« que je vous ai commandé — Aussi ajoute-t-il en
« parlant aux fidèles — Faites ce qu'ils vous *disent*,
« et non pas ce *qu'ils font*. »

Mais à côté de ces défections toujours bien rares
« *apparent rari* » l'Eglise ne peut-elle pas montrer
avec un légitime orgueil, les légions séculaires de
ses Prêtres, de ses Moines modèles, de ses Vierges
d'une candeur exquise et d'une admirable pureté : le
nombre incalculable de ses martyrs, de ses confes-
seurs, de ses missionnaires, de ses sœurs incomparables
et de ses défenseurs intrépides, dont la majeure partie
sort des couvents et s'est formée dans ses cloîtres !...

Si les Anges, *purs esprits,* sont tombés devant
le trône de Dieu, est-il donc étonnant, est-il
donc impossible que le Moine, le Prêtre, *faibles
enfants d'Adam*, traînant après eux le fardeau
de leur corps et les misères de leur nature, tombent
dans le sanctuaire, devant l'Autel, en face du Taber-
nacle ?..... Jésus-Christ lui-même a été trahi par
l'un des siens... et... n'est-ce pas cette trahison de
Judas qui a sauvé le monde ?..... Dieu tire le bien
du mal comme il tire le diamant du charbon, et cette
pensée *suffit* pour expliquer tous les maux et tous
les scandales sur cette terre — ils sont souvent un
poison dans nos mains, mais *toujours* un remède
dans les mains du Tout-Puissant.....

D'ailleurs, si quelques Ecclésiastiques cloîtrés ou
non ont fait des chûtes, bien souvent, les désordres
de leur siècle, les provocations de toute sorte de
l'impiété qui les entoure, les pièges tendus à leur
faiblesse d'esprit ou de cœur ont pu exercer sur eux

une influence terrible, *presqu'irrésistible*, que Dieu jugera, n'en doutons point, bien moins rigoureusement que les hommes, car il n'appartient qu'à lui, et *à lui seul*, de juger la gravité de la faute et la force de l'entraînement..... qui sait, qui pourra jamais savoir la violence des combats, la vivacité des luttes que l'infortuné a dû soutenir avant de se laisser choir..... Ah ! comme dit *Voltaire* lui-même :

« Plaignez, n'outragez pas le mortel misérable
« Que l'*oubli d'un moment* a pu rendre coupable !...

Et, ne pourrait-on pas encore faire ici l'application, avec une légère variante, de ces vers si connus d'un autre poète :

« Ne repoussez jamais une femme qui tombe :
« Qui sait *sous quel fardeau* la pauvre âme succombe !...

Au surplus, l'état religieux est un état de *perfection*... Or, on n'arrive pas à être parfait par cela seul que l'on change de costume ou de nom, que l'on embrasse une règle et que l'on fait des vœux, mais on s'engage à le devenir : est-il donc *extraordinaire* que quelques-uns succombent en route, avant d'avoir atteint le but ?.....

Cette même pensée, je la retrouve formulée par le pieux auteur de l'Imitation de la Sainte Vierge : « Plusieurs de ceux qui ont embrassé cet état de

« perfection, dit-il au Livre 2-ch. 2, sont bien éloignés
« de la perfection que demande leur état. »

Prenons plutôt pour la seule et véritable règle
de nos appréciations, ce conseil que nous lisons dans
l'Imitation de Jésus-Christ : « Quand vous *verriez*
« quelqu'un tomber dans des fautes visibles ou
« commettre quelque grand crime, vous ne devez
« pas pour cela vous juger *meilleur* que lui, parce-
« que vous ne savez pas combien de temps vous
« persévèrerez dans le bien. Nous sommes tous
« fragiles, mais vous devez croire que personne ne
« l'est plus que vous. »

Répétons souvent, avec St-François de Sales, cette
phrase empreinte d'un sens si profondément Chrétien : « *Je suis tant homme que plus rien* !..... »

« Hélas ! dit à son tour Sylvio Pellico, que l'homme
« est plein de contradictions !... Au moment où il
« semble le plus vaillant et *le plus saint*, il peut en
« un instant tomber dans la plus coupable fai-
« blesse !..... »

Pour nous, nous plaçant humblement en face de
nos infirmités, gardons-nous de condamner les
faiblesses d'autrui, mais qu'un voile couvre ces
mystères de honte et d'ignominie quand, *malheureusement*, nous ne pouvons pas les révoquer en
doute ; ne touchons pas aux *oints* du Seigneur ;
respectons ce qu'ils avilissent et que leurs vices nous

soient, en quelque sorte, aussi *sacrés* que leurs personnes.

Que dirions-nous, pauvres misérables que nous sommes, si le Seigneur apparaissant tout à coup à nos yeux nous disait comme autrefois aux pharisiens hypocrites : « Que celui d'entre vous qui est *sans péché*, lui jette la première pierre !... »

Qui sait, du reste, si ceux dont nous déplorons aujourd'hui la chûte lamentable, ne seront pas un jour de grands saints dans le Ciel?..... *Nemo scit-Deus scit !*... Après la chûte de l'Ange, la chûte du Prêtre doit plus nous épouvanter que nous étonner. Nul doute, cependant, qu'il y ait une miséricorde et un pardon pour ce *second ange* déchu dans un corps de mort... La miséricorde est une source qui jaillit des plus profonds abîmes, et elle ne s'élève jamais plus haut que quand elle vient de plus bas !...

O Altitutudo !... ô profondeur des desseins éternels !... qui pourra jamais vous approfondir et vous mesurer ?.....

« *Qui peut sonder de Dieu l'insondable pensée !*....

Je lisais tout récemment, au sujet de ces malheureux apostats, dans un auteur, hélas ! trop cyniquement célèbre, quelques lignes qui m'ont paru s'adapter parfaitement à mon sujet et que je demande la permission de citer ici, parceque cela me semble bon : « Les prêtres dévoyés, dit-il, se distinguent par « une sorte d'ardeur de convention : ils sont, pour

« ainsi dire, résignés à faire profession de violence.
« Quiconque les fréquente, se rend facilement compte
« de leurs luttes intérieures. J'en ai connu quelques-
« uns de ces déclassés du sacerdoce : j'ai été le
« confident de leurs souffrances et de leurs amertu-
« mes ; *ils sont beaucoup à plaindre.* Les fidèles,
« instinctivement, les repoussent, et les impies ne
« les accueillent pas ou ne les acceptent qu'avec
« méfiance : ils sont *les plus malheureux* des
« hommes. »

« Si au lieu d'être le dernier des indignes, j'étais
« un *Saint-Vincent de Paul* je créerais une œuvre
« pour faciliter le retour de ces infortunés coupa-
« bles. La tâche serait plus facile qu'on ne croit. On
« ne s'imagine pas ce que ces malheureux éprou-
« vent de déceptions dans leur existence sans but. Je
« suis convaincu que si la question était sérieuse-
« ment étudiée, on les ramènerait *presque tous.* Au
« surplus ils ne sont pas nombreux. » (Confessions
d'un ex-libre-penseur, page 166.)

Oui, la *Providence* a des mystères profonds qu'il
nous faut adorer sans les comprendre. Elle nous
désigne de son doigt auguste, *Judas* comptant le prix
de son Déicide ; *Pierre*, reniant, c'est-à-dire mentant
— et par trois fois — Arius, Luther, Calvin et tant
d'autres dogmatisant et entassant à l'envie blasphèmes sur blasphèmes, hélas !... puis elle nous dit —
Crois. —

Et nous croyons, le front courbé devant la *Croix* qui répond à tout.

Depuis quand, d'ailleurs, parcequ'il se trouvera des *abus*, parcequ'il se produira des scandales dans une société quelconque peut-on en inférer que cette société est *maüvaise*, qu'elle doit être supprimée, qu'il faut la détruire ?

C'est un acte de folie et d'injustice que de vouloir rendre les *Collectivités* responsables des méfaits des *individualités* — et quand il s'agit de l'*Eglise*, c'est plus qu'un acte de folie et d'injustice, c'est un *crime* contre ce qu'il y a de plus saint et de plus sacré au monde, contre la *Religion !*..... Il y a des écrivains bien dégoûtants, des pamphlétaires bien immoraux, des romanciers sans vergogne et sans pudeur aucune — s'en suit-il que l'*Imprimerie* doive être condamnée ?..... Beaucoup de gens *abusent* de leur langue — est-ce à dire que Dieu ait mal fait de donner à l'homme cet organe de ses pensées ?... Dans toutes les classes de la société n'est-il pas des hommes qui déshonorent leur plume, leur toge, leur épée, leur Croix-d'Honneur, leur serment, comme il peut y avoir des Prêtres qui salissent leur soutane, des Moines qui profanent leur froc ?... De ce qu'il y a eu naguère des ministres, des sénateurs, des députés *voleurs* ou réputés tels, en conclurez-vous qu'il ne faut plus de chefs et de dignitaires dans un Etat ?... Parcequ'il se rencontre des Juges iniques et prévaricateurs, faudra-t-il pour cela briser à tout jamais les balances de la Justice ?... Quand un Prêtre succombe, quand un Moine se déshonore, parceque de temps à autre un *Judas* nouveau se révèle, faut-il étendre la faute sur tous les membres du clergé et jeter le discrédit sur toutes les institutions Catholiques en général ?..... *Non, non,* loin de nous, loin d'un esprit *droit* et *sensé* un raisonnement aussi absurde — les honnêtes gens de tous les partis repoussent avec énergie de semblables conclusions !.....

Ce qu'il y a de certain pour tout homme raisonnable et juste, c'est qu'en aucune manière le Clergé ni les Religieux ne peuvent être atteints par la défection ou même la condamnation de quelques-uns de leurs membres, pas plus que ne peuvent l'être les magistrats par la félonie de Pilate ou de *Cauchon ;* les médecins par les forfaits de Castaing ou de La Pommerais ; les étudiants par les crimes de Barré, de Lebiez, de *Ducros ;* l'armée par les assassinats d'Anastay ou les trahisons de Dreyfus. Aucune corporation ne peut être responsable des brebis galeuses qui se glissent dans ses rangs — Non, assurément, et si les crimes abominables du trop fameux *Bruneau* ont fait tant de bruit, dans ces derniers temps, c'est qu'on est habitué à trouver dans les rangs du Sacerdoce toutes les nobles vertus, et que les chûtes sont rares..... C'est bien ici le cas de dire avec plus de raison que jamais — *Il n'y a pas de règle sans exception* — (1)

Ces faiblesses isolées sont purement et simplement le fait de *l'homme* et non du *Prêtre* ; elles ne peuvent

---

(1) Je dois à l'impartiale vérité, de transcrire ici, *à la décharge* du malheureux abbé Bruneau, un entrefilet que je lis, à l'instant même, dans « **l'Express-du-Midi** » n° 3285 — Dimanche, 5 Mai 1901, ainsi conçu :

— Nouvelle sensationnelle —

« Les journaux de la Mayenne nous apprennent *une nouvelle sensationnelle :* ce malheureux abbé Bruneau, vicaire d'Entrammes, exécuté en 1894 comme coupable d'assassinat sur la personne de son curé, serait *innocent.*

« On se rappelle qu'il n'existait aucune preuve contre lui. Mais son caractère, quelques traits de sa vie privée semblaient concourir à l'accuser, et il fût condamné.

« Or, voici que vient de mourir, à Nantes, la servante du Curé d'Entrammes, et, au lit de mort, elle a avoué, *devant témoins,* que c'était elle, avec l'aide d'une autre personne, qui avait assassiné le Curé d'Entrammes. *Elle se confessa, tout de suite, de ce meurtre terrible, à l'abbé Bruneau, pour le contraindre au silence.*

« Cette révélation a *profondément* ému toute la contrée ; on se rappelle que l'infortuné vicaire, avant de monter à l'échafaud, avait fait remettre au Procureur de la République une lettre dont il suppliait qu'on prît connaissance.

« On demande ce que contenait cette lettre. »

Dans la circonstance, les commentaires me paraissent inutiles.

atteindre le *Sacerdoce* divin dont il est revêtu — la trahison de l'Apôtre deïcide a-t-elle *souillé* son Ministère ?.....

Ici, réfutons en passant un sophisme grossier et qui n'est que trop souvent mis en avant par les ignorants et les *sots* — Il en est qui en voyant des Moines ou des Prêtres tomber dans des fautes graves et publiques, en concluent aussitôt que la Religion Catholique n'est pas meilleure qu'une autre, comme si c'était la Religion qui leur *ordonnât* de faire le mal et comme si ce n'était pas plutôt en abandonnant ses leçons et en cessant d'être Chrétiens qu'ils commencent à être mauvais.

Quand un Catholique apostasie sa foi, comme *Luther*, *Calvin* et tant de leurs semblables, pour vivre en transfuge dans les camps du Protestantisme ou de la Libre-pensée, est-ce pour devenir plus humble, plus doux, plus patient, plus chaste, plus soumis, plus désintéressé, en un mot *plus vertueux* ?... N'est-ce pas, au contraire, pour mener une vie plus licencieuse et plus dissolue, vie qui parfois *fait rougir* les nouveaux frères qu'il s'est donné ?.....

Mais quand un hérétique ou un libre-penseur a le *courage* (car, il en faut) d'abjurer ses erreurs pour rentrer dans le giron de l'Eglise Catholique, n'est-ce pas, comme St Augustin, St Jérôme, le

Cardinal Duperron, le *Cardinal Newmann* (1),
Ratisbonne, le Carme Hermann Cohen et mille et un
autres, pour mener une vie plus humble, plus
mortifiée, plus pure, plus désintéressée, en un mot
plus *sainte* et plus exemplaire ?.....

Voulez-vous savoir enfin ma pensée intime sur ce
point délicat ; voulez-vous savoir le vrai motif qui
fait que les Prêtres, les Moines, les Religieux de
tout ordre et de toute qualité sont repoussés, honnis,
calomniés par une certaine classe (*et non la meilleure
ni la plus respectable*) de leurs concitoyens, c'est

-----

(1) Le Cardinal Newmann (John Henry), mort à 89 ans,
s'était converti à la suite d'études *profondes*, à l'âge de 44
ans. Il est appelé le plus illustre Anglican du xixme siècle ;
sa conversion produisit l'effet d'un coup de foudre. « Depuis
« la réforme, écrit *M. Gladstone* à Madame Craven, c'est le
« plus grand événement qui se soit produit en Angleterre. »
John Henry Newmann était l'homme que toute la nation
considérait comme un instrument *providentiel*, destiné à
rendre à l'établissement d'Henry VIII le lustre que l'indiffé-
rence lui faisait perdre tous les jours : et voilà que cet
« *instrument providentiel* » désavouait l'Eglise Anglicane.
Un ministre protestant Anglais disait à propos de la
Conversion du docteur *(depuis Cardinal Newmann)* « quand
« un Catholique se fait, par hasard, protestant c'est la *lie*
« de ses coréligionnaires, mais les Anglicans qui se font
« Catholiques sont ce que nous avons de plus pur, de plus
« docte, de *plus élevé* parmi nous !..... »

tout simplement parce qu'ils « *gênent* »... Ah ! si le Religieux ou le Prêtre prêchait la facile doctrine qui veut la vie courte et *bonne*, sans souci de l'éternel lendemain ; s'il voulait nous laisser vivre sur la terre, sans jamais nous parler de la Mort, du Ciel ou de l'Enfer, s'il consentait à n'être pas un « *gêneur* » — qu'on me permette ce mot nouveau — il rend ma pensée — on lui permettrait de prendre à son aise sa part d'air et de soleil, souvent même on lui tendrait la main... Mais comme les choses se passent bien différemment, on agit avec lui *autrement* qu'avec le reste des hommes.

Poursuivons... et nous plaçant à un point de vue plus élevé, osons affirmer que quand même et *par impossible*, le nombre des mauvais Prêtres, des Moines prévaricateurs serait aussi grand que le prétendent les impies et les ennemis acharnés de l'Eglise, au lieu de prouver quelque chose contre elle, ce fait *seul* serait une preuve évidente entre toutes, que cette institution est *véritablement* l'œuvre de Dieu, que la main Toute-Puissante du Christ la soutient, que le Seigneur veille à sa conservation jusqu'à la fin des siècles, selon la promesse formelle qu'il lui en a faite. Si, en effet, de l'aveu de ses adversaires eux-mêmes, elle a dans son sein *plus qu'il ne faut* pour la détruire et que, néanmoins, elle reste *debout*, ne doit-on pas en conclure que loin d'être une construction humaine, elle est, au contraire, bâtie sur un fondement que *Dieu seul* a pu poser ?... De là le dilemme : ou l'Eglise est affreusement souillée, et alors il y a un *miracle évident* dans sa conservation, elle est vraiment l'*œuvre de Dieu* — ou elle n'est pas souillée comme on veut bien le dire, et alors les incrédules et les impies ne sont que de vils *calomniateurs !*...

Oui, nous le disons avec une conviction profonde, la corruption des Pasteurs de l'Eglise est *mille fois* moindre que ne cessent de le répéter avec la plus insigne mauvaise foi (et pour cause) ses détracteurs et ses envieux, mais, le fût-elle *réellement*, cela n'infirmerait en rien les pratiques et les enseignements de notre divine Religion qui ont toujours été purs, sains, seuls capables d'éclairer les esprits et de *sanctifier* les âmes : plus, en un mot, il y aurait de mauvais Prêtres et de Moines déchus, plus la conservation de l'Eglise manifesterait *le doigt de Dieu*, l'assistance perpétuelle de son Tout-Puissant et Divin fondateur.

C'est là le résultat que nous pouvons constater à tout moment. Que voyons-nous, en effet, tous les jours ?... Les défections, si elles réjouissent les méchants, n'ébranlent en rien la foi et le dévouement des bons... Quel est donc le *bon* Catholique qui déserte définitivement son Eglise, parce que son Curé, à tort ou à raison — et plus souvent *à tort* qu'à raison — aura fait *parler de lui ?*...

Que l'on me nomme un seul père de famille — pour choisir un exemple à côté de nous, dans notre arrondissement même — qui ait retiré son enfant de l'Ecole congréganiste d'*Azille*, à la suite de l'incarcération bien injuste sans doute, mais bien désastreuse pourtant dans ses suites, de ce pauvre Cher Frère *Abylius*, dont l'acquittement s'imposait à la première session des assises, et que la session suivante, après *trois mois* de prison préventive en plus (singulier droit d'accroissement que celui-là) déclara innocent avec une si éclatante et si remarquable *unanimité ?*...

Les hommes de bien s'affligent mais ne se découragent *jamais :* ils savent et ils comprennent très bien que la Religion ne nous confisquant pas notre liberté, ne confère pas plus la perfection *à ses ministres* en particulier qu'à ses membres en général, et que l'exiger de leur part est une impossibilité autant qu'une *absurdité.*

En même temps, si elles n'ébranlent point les bons, les défections les rendent néanmoins plus prudents, plus discrets, plus vigilants : « Que celui qui est debout prenne garde de *tomber.* » C'est là un oracle dont ils font grand profit.

Au lendemain, au souvenir d'un événement scandaleux, les vrais croyants se reprennent, se recueillent, se redressent : ils se tiennent sur leurs gardes afin de n'être pas eux-mêmes *entraînés* par le torrent — eh ! mon Dieu, quel est donc le mortel qui peut se dire à l'abri de toute faute, de toute chûte ?... Qui donc ne porte pas sur ses souliers un peu de cette poussière mondaine, si difficile à secouer entièrement et dont il est *quasiment impossible* de se préserver quand on marche et qu'on vit perpétuellement dans le monde ?.....

Les scandales, à mon humble avis, sont comme ces signaux d'alarme, si usités dans les chemins de fer pour le salut des voyageurs ; ils *secouent* la torpeur des indifférents, réveillent leur attention et les tiennent sur le « *qui vive* ».

Ne cessons de le proclamer (car on ne sait jamais trop ce qu'il faut toujours mieux savoir) ; dirigée par le Christ, son fondateur, l'Eglise Catholique, Apostolique, Romaine, forte des promesses de son Divin instituteur et surtout de celle-ci — « Voilà que je suis avec vous *jusqu'à la consommation des siècles* » — l'Eglise n'est pas responsable des fautes que quelques-uns de ses chefs ont pu commettre par le passé, ou commettront peut-être à l'avenir. Elle est fondée sur Dieu, non sur un *bras de chair* — le secret de sa durée au milieu des révolutions et des scandales de ce monde, elle le cherche et le trouve dans la *promesse* du Christ qui soutient sa marche triomphante à travers les siècles.

« Il n'y a peut-être rien de plus grand, a dit Bossuet, « ni de plus divin dans la personne de Jésus-Christ

« que *d'avoir prédit*, d'un côté, que son Eglise ne
« cesserait d'être attaquée ou par les persécuteurs de
« tout l'Univers, ou par les schismes et les hérésies
« qui s'élèveraient tous les jours, ou par le refroi-
« dissement de la Charité qui emmènerait le relâche-
« ment de la discipline suivi de *scandales inévitables*
« — et de l'autre, d'avoir promis que malgré toutes
« ces contradictions et ces défections, *nulle force*
« n'empêcherait cette Eglise de vivre toujours et
« d'avoir toujours des Pasteurs qui se laisseront les
« uns aux autres et se transmettront de main en
« main la « *Chaire* » c'est-à-dire l'autorité de Jésus-
« Christ et des Apôtres, et avec elle la saine
« doctrine et les sacrements.

« C'est ce que Jésus-Christ promet à l'ouvrage de
« douze pêcheurs et voilà le *sceau* manifeste de
« l'autorité de sa parole. On est affermi dans la foi
« des choses passées en remarquant comme *il a vu*
« *clair* dans un si long avenir. »

L'Eglise ne peut donc que se rire des vains efforts
de ceux qui l'attaquent en alléguant contr'elle, en lui
jetant à la face qu'il y a eu dans le passé, qu'il y a
encore aujourd'hui, comme il y aura sans doute plus
tard, de mauvais prêtres ou des moines indignes de
leur vocation ; ces insulteurs impuissants me font
assez l'effet de ces *animaux* inquiets et rageurs qui,
dans leur folle exaspération, mordent la pierre

qui les a blessés, *n'osant pas* s'attaquer à la main
vigoureuse qui l'a lancée.

Et, ce qu'il y a de particulièrement remarquable,
disons-le franchement, c'est que tout ce qui *bave* sur
le sacerdoce, se trouve être précisément ce qu'il y a
de plus *cyniquement impie* et de plus crapuleusement
débauché dans les bas-fonds de la société.

« Que vous a fait cet homme, demandait *Aristide*
« à un paysan d'Athènes qui venait par son vote de le
« condamner à l'exil — *Rien*, mais je suis fatigué de
« l'entendre appeler *Juste* » répondit l'inconscient
électeur. Combien parmi les détracteurs du Clergé
seraient obligés de rendre un pareil témoignage,
pour si peu qu'ils voulussent mettre un peu de *bonne
foi* dans leurs réponses..... Combien, qui trouve-
raient tout beau, sublime, saint, dans les enseignements de la Religion si *leurs intérêts* ne se trouvaient
pas en jeu, et d'ailleurs Locke n'a-t-il pas dit « que
« si les vérités *géométriques* intéressaient les *passions*,
« les désirs des hommes, elles ne seraient pas,
« comme elles le sont, l'objet d'une *adhésion univer-*
« *selle.* »

Voulez-vous savoir ce qu'est *réellement* le Prêtre
ou le Moine aux yeux de tout homme honnête et
raisonnable : lisez le portrait qu'on trace de main de
maître, Monseigneur *Freppel*, dans son beau panégyrique de St-Yves :

« Passer une vie entière au fond d'une campagne,

« avec son crucifix et ses livres, dans le silence de
« l'étude et de la prière ; instruire les petits, prêcher
« la vérité aux grands, rappeler aux uns et aux
« autres leurs devoirs et leurs fins dernières ; être là
« *tout à tous*, sans acception de personnes, avec une
« parole de consolation pour les affligés, de tendre
« reproche pour les pécheurs, de paix et de concorde
« pour ceux que divisent le ressentiment et la haine
« — ne perdre de vue, un seul instant, aucune de
« ces âmes, mais les suivre de l'œil et du *cœur* à
« travers les luttes et les épreuves de la vie pour
« relever leur courage et guérir leurs blessures ; jeter,
« par intervalles, au milieu de ces populations acca-
« blées de peines et de fatigues, les mots si fortifiants
« de récompense céleste, d'avenir éternel, d'immor-
« talité bien heureuse ; bénir le berceau de l'enfant
« qui vient de naître, le foyer de la famille qui se
« prépare, la tombe du vieillard arrivé au terme de
« ses jours — tenir dans ses mains, sous les yeux de
« tout un peuple, la *Croix* et l'*Eucharistie* ; la Croix,
« cet auguste symbole de toute rédemption ; l'Eucha-
« ristie, ce grand viatique du Chrétien sur le chemin
« de l'Eternité — être tout cela, faire tout cela pour
« sauver les âmes — quel Ministère et quelle vie !...
« *Voilà le Prêtre !... Voilà le Religieux !...* »

Et avant l'Évêque d'Angers, le malheureux Abbé
de Laurennais avait déjà écrit, au temps des splendeurs de sa foi et de son immense talent :

« Un Prêtre est par devoir l'ami, la Providence
« vivante de *tous les malheureux*, la consolation des
« affligés, le défenseur de quiconque est privé de
« défense, l'appui de la veuve, le père de l'orphelin,
« le réparateur de tous les désordres et de tous les
« maux qu'engendrent vos passions et vos *funestes*
« *doctrines*. Sa vie entière n'est qu'un long et
« héroïque dévouement au bonheur de ses sembla-
« bles. Qui de vous consentirait à échanger comme
« lui les joies domestiques, toutes les jouissances,
« tous les biens que les hommes recherchent si
« avidement, contre des travaux obscurs, des devoirs
« pénibles, des fonctions dont l'exercice brise le
« cœur et rebute les sens, pour ne recueillir souvent
« d'autres fruits de tant de sacrifices que le dédain,
« *l'ingratitude* et l'insulte. »

« Vous êtes encore plongé dans un profond
« sommeil et déjà l'homme de Charité, devançant
« l'Aurore, a recommencé le cours de ses bienfai-
« santes œuvres. Il a soulagé le pauvre, visité le
« malade, essuyé les pleurs de l'infortune ou fait
« couler ceux du *repentir*, instruit l'ignorant, fortifié
« le faible, affermi dans la vertu des âmes troublées
« par les orages des passions. Après une journée
« toute remplie de pareils bienfaits, le soir arrive
« mais *non le repos*. A l'heure où le plaisir vous
« appelle aux spectacles, aux fêtes, on accourt en
« grande hâte.auprès du Ministre sacré ; un chrétien

« touche à ses derniers moments ; il va mourir, et
« peut-être d'une maladie contagieuse — *N'importe !*
« Le bon pasteur ne laissera pas expirer sa brebis
« sans adoucir ses angoisses, sans l'environner des
« consolations de l'Espérance et de la Foi, sans
« prier, à ses côtés, le Dieu qui mourut pour elle et
« qui lui donne, à cet *instant même*, dans le
« sacrement d'amour un gage d'Immortalité, »

« *Voilà le Prêtre ;* le voilà non tel qu'en jugeant
« sur quelques *exceptions* scandaleuses, votre aver-
« sion se plaît à se le figurer, mais tel que *réellement*
« il existe parmi nous !... »

Réformons donc nos jugements au sujet de fautes vraies ou supposées dont peuvent se rendre coupables quelques-uns — *en nombre bien petit* — des membres du Clergé séculier ou régulier : gardons-nous d'accepter en aveugle toutes les imputations diffamatoires qu'il plaît à l'impiété de lancer mensongèrement en pareille matière : faisons la part de la calomnie et souvenons-nous bien que *neuf fois sur dix* les bruits que les sectaires font courir, sur le compte de ces *prétendus* coupables, sont faux ou exagérés de tous points. Le grand Comte de Maistre a dit, en parlant de quelques-uns des successeurs de Pierre les plus outrageusement diffamés : *Les Papes n'ont besoin que de la vérité.* »

Cette parole si vraie ne le fût peut-être jamais

davantage qu'appliquée aux Ministres de la Religion, à quelque degré de la hiérarchie sacrée qu'ils appartiennent. Ah ! si le monde savait et *voulait* se contenter de *la Vérité* à leur endroit, que de calomnies éditées et rééditées ne tiendraient pas *debout* et seraient, par cela seul, réduites à *Néant !...*

Evitons donc par une sage et prudente réserve sur ce point délicat, que l'opinion publique, *mieux informée*, nous classe dans cette triste catégorie d'insulteurs et d'insensés dont parle le poète quaud il dit :

« Pour quelques-uns, *gents sots à trente-six Carrats*
« Les *Moines* et les *Clercs* sont *tous* des scélérats...

Prenons garde et réfléchissons sérieusement avant de condamner à la légère une institution aussi respectable qu'elle est Sainte et utile... prenons garde, car, si comme on l'a dit avec beaucoup de raison, il faut des vertus, et par conséquent *de la Force* pour être équitable et juste, il ne faut que des passions et des préjugés, et par conséquent de la *Faiblesse,* pour être injuste, crédule et sceptique : le cœur se porte du côté de la *prévention* de tout le poids de sa corruption : évitons soigneusement cet écueil, si nous voulons être seulement *raisonnables —* et, que faut-il pour cela ?... Avoir tout simplement... **le Sens Commun !.....**

XVI

Réserves politiques
Congé pris auprès du Soldat-Trappiste

Avant de terminer ce modeste travail que quelques esprits mal faits, méchants et mal intentionnés seraient peut-être tentés de regarder comme une séditieuse satire ou tout au moins comme un *pamphlet injurieux* pour une certaine catégorie de citoyens, je sens le besoin de formuler mes réserves et d'exposer ici toute ma pensée.

Qu'on ne vienne pas me dire ni seulement *insinuer* en aucune manière que, de près ou do loin, dans les quelques chapitres qui précèdent, je cherche à discréditer la *République* (1) que je veux renverser les institutions Républicaines, ou tout au moins changer la *Constitution* qui, cependant, a été

(1) Et d'ailleurs, sommes nous bien sous un Gouvernement réellement Républicain ?... Il est permis, tout au moins, d'en douter — « Il est *scientifiquement faux*, a dit « M. Jules Roche (réunion publique — 12 Avril 1901) que nous

déclarée par les meilleurs de ses adeptes, non pas infaillible, intangible et *immuable*, mais, au contraire, *essentiellement perfectible.*

Hélas ! nous ne savons que trop combien peu servent les révolutions qui renversent Empires, Républiques ou Royautés !... L'*Expérience* est là pour nous apprendre que depuis 1789, si l'on a changé souvent de gouvernants, on n'a jamais ou *presque jamais* changé de Gouvernement.

Un changement de forme gouvernementale, d'ailleurs, n'est pas plus, *par lui-même*, le remède au mal terrible dont nous sommes atteints, qu'un changement de municipalité ne serait le moyen de mettre fin à une épidémie de choléra, dans une ville qui en serait affligée. Le remède est *ailleurs ;* nous y reviendrons peut-être un jour. Pour le moment, il n'est nullement question de rien de tout cela — je n'attaque et ne veux attaquer ici que les fautes et les sottises de nos *soi-disant* Républicains.

D'un autre côté, je ne disconviens pas que *toutes* les formes de Gouvernement ont leur côté fort et

---

« soyons *en République,* puisque la *nation* ne se gouverne
« pas elle-même, mais est gouvernée par une *minorité,* par la
« minorité la plus audacieuse et la plus violente — Nous
« vivons sous un « *régime sans nom* » ignoré jusqu'à nous,
« sans exemple en aucun temps, en aucun pays. »

leur côté faible et que dans toutes l'honnêteté peut trouver place, comme dans toutes l'hypocrisie, l'intrigue, la corruption.

D'accord avec la remarquable déclaration de nos cinq Cardinaux Français, conformément aux doctrines de l'Eglise et à la Célèbre Encyclique de Notre-Saint-Père, le Pape Léon XIII, corroborée par sa lettre à M. le Comte Albert de Mun, du 7 Janvier 1893, je reconnais que *toutes* les manières de gouverner *peuvent* être bonnes et acceptables à la condition qu'elles soient honnêtement pratiquées et *Chrétiennement* dirigées.

Quelle que soit, du reste, la forme gouvernementale, posons d'ores et déjà en principe que c'est l'*Autel* qui doit servir d'Assises au *thrône* et non le trône qui doit servir de fondement à l'Autel. Combattant sous le drapeau unique de la vraie Justice et de la vraie Charité, ne demandons à un gouvernement le nom *qu'il porte* qu'après lui avoir demandé le bien qu'il *a fait*: c'est là *l'essentiel*.

Je ne crois pas au droit *inamissible* des couronnes — la théologie *Gallicane* a consacré inclusivement le droit divin des Rois — avant elle et plus haut qu'elle, la théologie *Catholique* a proclamé le Droit divin des peuples. Il n'y a qu'une volonté qui doive être toujours plus respectée que la volonté de tous les hommes — ce n'est point la volonté d'un *autre homme* — c'est la volonté *de Dieu* !.....

En admettant, au surplus, qu'il y ait un droit *Royal*, *Impérial*, *Républicain*, tout catholique est tenu de reconnaître que ce droit ne peut ni ne doit s'exercer contre le *Droit de Dieu*.

S'il était vrai, à cette heure, que le Gouvernement de la France appartint à une famille par *droit de naissance*, à combien plus forte raison peut-on et doit-on soutenir que la France elle-même appartient à *Dieu* par droit de Création et, si l'on peut s'exprimer ainsi, *d'Invention*. Car, si toutes les nations ont été données au Christ en héritage, la voix des siècles proclame éloquemment que la France est plus spécialement — « *La fille aînée de l'Eglise* ».

Nous affirmons, sur le terrain Catholique, la souveraineté absolue du Christ, nous le proclamons Roi des Rois, Seigneur des Seigneurs, *seul souverain* et libérateur des peuples.

Quand, instruits par Dieu-même, nous prions chaque jour pour que « **son règne arrive** » nous ne rêvons pas une *chimère* et ne demandons pas un bien qu'il faille renoncer d'avance à voir sur la terre, autant qu'il y peut être... Nous plaçons les *Rois*, les *Empereurs*, les *Présidents de République*, non pas à ses côtés, mais à ses pieds, « *Rex regum reges regit* », et quand ils acceptent cette dépendance, quand ils proclament eux-mêmes dans leurs actes publics, comme dans la vie privée, la Royauté et la suprématie du *Très-Haut*, alors nous nous inclinons à notre tour, devant un pouvoir qui reflète et qui continue la puissance divine. *Tout est ainsi sauvegardé* — l'autorité initiale du maître, reconnue et humblement acceptée du Souverain; l'autorité déléguée du Souverain qui se réclame à bon droit de l'autorité même de Dieu ; enfin, *la dignité* des sujets, dont la soumission devient dès lors glorieuse.

Je n'ai pas de politique *de parti* — cependant, en parlant du gouvernement qui nous régit, je dois avouer que je suis un peu de l'avis de Deroulède, quand dans la séance du 14 Mars 1893, il s'écriait à la tribune — « Il n'y a pas qu'une *seule forme de République*, j'ai le mépris de celle-ci — La République *Panamiste.* »

Hélas ! il aurait pu ajouter aujourd'hui « et de la République *Dreyfusarde* ».

Qu'est d'ailleurs, à la bien considérer, la République Française telle que nous l'ont faite les *Francs-Maçons ?*... *La monnaie du Césarisme.....* Nous avons *César* en plusieurs personnes, qui sont généralement des personnes de vieux étudiants, lesquels dans une monarchie *bien ordonnée* auraient été des avocats sans causes, des avoués sans clients, des médecins sans malades, des vétérinaires sans bêtes... etc... etc...

Le Souverain Pontife, *dans sa sagesse*, condamne les lois qui sont mauvaises et qu'il faut réformer, mais il admet le *principe* du pouvoir Républicain lequel, comme je l'ai déjà dit, peut-être *bon* pourvu qu'il soit entre des mains loyales, consciencieuses et capables ; il nous laisse la liberté de nos préférences politiques — c'est l'enseignement de l'Eglise dans tous les siècles — jamais elle n'a *imposé* à ses enfants l'obligation de *brûler* un drapeau pour en arborer un autre. Il s'agit ici d'une question de *Salut Social* : le Pape n'a pas d'autre pensée.

« L'état du pays s'est tellement modifié, dit-il
« dans sa lettre du 3 Août 1893, adressée au Cardinal
« de Bordeaux, que dans les conditions où est
« *actuellement* la France, il ne *paraît pas possible* de
« recourir à l'ancienne forme de gouvernement,
« sans passer par de *graves perturbations...* Cette
« situation est si évidente qu'elle ne pouvait échapper
« à personne..... Comme telle fût toujours la
« portée de notre pensée et de nos actes... etc...
« etc..... »

Or, le Pape est un *docteur* — je l'écoute..... je ne suis ni Royaliste, ni Impérialiste, ni Républicain ; je ne suis ni un *Rallié*, ni un *non Rallié* — je veux, comme le Cardinal-Archevêque de Paris, la stabilité du Gouvernement et sans me préoccuper de la forme, laissant à chacun le droit de conserver librement son opinion *personnelle*, allant droit au fond et ne cherchant la grandeur de la France que par le triomphe de l'Eglise : je suis tout simplement *raison-*

nable, Catholique et *Français*... etc... ce faisant, je fais mon devoir.

On ne manquera pas de me faire ici l'objection *habituelle* ; (je la connais — elle a été faite bien souvent) à savoir — « Que dans les questions politiques comme dans les affaires usuelles de la vie, le Pape *n'est pas Infaillible :* qu'il ne jouit de ce privilège unique, que lorsqu'il prononce solennellement, du haut de la « Chaire » de Pierre — *ex Cathedrâ* — pour l'instruction de l'Univers entier, la définition d'une question de dogme ou de morale : alors seulement, il est investi de « l'*Infaillibilité divine.* »

Je reconnais que cela est parfaitement exact, et il n'entre nullement dans mes idées de contester la vérité de cette proposition..... *Concedo*.....

Mais on m'accordera, d'un autre côté, qu'il existe même dans les questions *purement* humaines et secondaires, différents degrés de *certitude* provenant, soit de la différence des conditions, soit de la valeur intellectuelle et morale des personnes qui émettent un avis ou qui donnent un Conseil — la certitude ici est simplement *relative* et dépend tout d'abord du point de vue auquel on se place à l'égard de celui dont on reçoit un enseignement. Or, je pose en principe que le Pape se trouve dans les conditions les meilleures et les plus favorables pour être crû et pour être suivi quand il donne un simple avis, même en des matières qui n'ont rien. de *commun* avec la croyance ou l'administration de l'Eglise Catholique... Je m'explique :

A ne considérer le Souverain Pontife qu'au point de vue purement *humain*, qu'est-il donc ?... Un homme comme un autre ?... Point... C'est un homme d'une intelligence supérieure, plus grande peut-être que celle d'aucun autre homme ; d'une expérience consommée ; d'une droiture d'intention sans pareille ; d'un caractère grave, sérieux et réfléchi ; imbu d'un sentiment exquis et profond du devoir joint à la résolution constante de le faire observer aux autres comme de l'observer lui-même ; un homme que les *gouvernements* prennent pour *arbitre* de leurs différents et dont les décisions ont force de loi, même parmi *les dissidents* — un homme que toutes les puissances vénèrent et dont elles s'honorent de suivre les Conseils ; un homme ayant passé sa vie à s'occuper, avec une compétence *incontestable*, des plus hautes questions politiques et sociales ; un homme qui *prie* sans cesse et pour qui, tous les jours, à toutes les heures on *prie* sans discontinuer ; un homme sur qui *tous* les prêtres de l'Univers, à la Messe et dans les cérémonies religieuses, invoquent et appellent l'*Assistance divine*, un homme, en un mot... oui... mais un homme résumant en lui la plus haute personnalité intellec-

tuelle, politique et morale *qui soit sur la terre...*
Voilà le *Pape* comme homme privé !...

Ses contradicteurs, qui sont-ils ?... Hélas ! nous
ne les connaissons que trop..... Quelques têtes
couronnées inféodées à la *Franc-maçonnerie :* des
Ministres plus occupés d'assouvir leurs rancunes
personnelles que d'accomplir leurs devoirs, des Sénateurs, des Députés Anti-cléricaux et Anti-français ; des
journalistes à la solde des sectaires de tout genre ;
quelques individualités *isolées*, plus ou moins intelligentes et plus ou moins connues, mais ne jurant
d'ordinaire que par les journaux impies qui distillent
goutte à goutte le venin dans leur cœur et l'erreur
dans leur esprit — des hommes, en un mot, qui pour
toute *préparation prochaine* à la solution des
problèmes les plus graves et les plus difficiles se
contentent de donner des bals, des chasses, des
spectacles ; des *pique-assiettes* qui courent les
banquets et politicaillent *après* boire ; des *pots-
deviniers* soudoyés par les banques Juives ou puisant
leurs inspirations *Anti-cléricales* dans les coulisses
de l'Opéra, quand ils ne vont pas les chercher dans
des lieux qu'il n'est pas permis à un Chrétien de
nommer.....

Voilà ceux qui dédaignent, qui regardent comme
indigne d'eux d'acquiescer aux avis du Souverain-
Pontife, de celui à qui la *vérité incarnée* a dit —

« Pais mes agneaux ; pais mes brebis... *enseigne
toutes les nations.* »

Choisissez entre les deux — pour moi, le choix
est fait — je choisis le plus digne... j'ai nommé
le Pape !...

Revenons maintenant à la question gouvernementale que nous semblons avoir un peu perdue de
vue. L'Eglise, il est vrai, peut être en contradiction
avec le gouvernement d'un pays, mais le gouvernement d'un pays n'est pas la *Nation,* bien moins
encore la *Patrie.* Quel est celui d'entre nous, en
effet, qui ait jamais pensé que sa *Patrie* est dans la
tête ou dans le cœur des quelques sectaires ou
fous-furieux, selon l'expression de M. Thiers, qui, à
certains moments, ont gouverné la France ? Assurément *personne !*.....

Je subordonne entièrement la question *politique* à
la question *religieuse* et sociale. Je ne veux pas plus
de la Royauté sans Dieu que de la République athée,
et je crierais avec la même énergie : « A bas la
Royauté sans Dieu, et vive la *République* avec Dieu »
que je crierais : « A bas la *République* sans Dieu et
vive la *Royauté* avec Dieu ! »

« Donnez-moi le *Catholicisme,* dirai-je avec
« M. Auguste Nicolas, écrivant à un de ses amis en
« 1852, et je vous abandonne *toutes* les formes de
« gouvernement que vous voudrez... Il ne s'agit pas

« de renverser mais de transformer ; quand le Christ
« vint il ne renversa rien, mais il transforma tout...
« Ainsi du Catholicisme..... »

Donc, pas d'équivoque ; il ne s'agit pas de changer la
forme du Gouvernement ; nous sommes tous d'accord
là-dessus. Il s'agit uniquement de mettre ce gouvernement entre des mains honnêtes et capables ; il
s'agit de remplacer les *Sectaires,* les *Juifs* et les
Franc-maçons qui déshonorent la République et la
France, par de bons et vrais *Français* — il s'agit
d'empêcher une minorité tripatouilleuse et tapageuse
de peser plus longtemps sur un grand pays et d'opprimer longtemps encore la noble Patrie Française :
voilà ce que veulent, ce que doivent vouloir tous les
gens honnêtes, à quelque parti *politique* qu'ils appartiennent. Ce n'est donc point, je le répète encore une
fois, le Gouvernement Républicain que je voudrais
changer, puisque cela ne paraît pas possible, dit
Léon XIII, « *sans passer par de graves perturbations* » mais les *hommes* qui composent et qui dirigent
ce Gouvernement, ce qui est *bien différent,* car pour
moi, je n'admettrai jamais que la République soit
incarnée dans cette bande d'*Anti-Catholiques* qui
occupent les sinécures Ministérielles, Préfectorales,
Législatives... et autres, qu'il serait trop long de
récapituler ici. Il y a beau temps que Louis Veuillot
écrivait de ce régime de malheur — « La France est

au pillage — en prenne qui voudra — du *Génois*, du Badois, de l'Anglais !... »

A l'appui de mon opinion, je citerai ce passage de la lettre si remarquable et si digne que *Monseigneur Trégaro*, Evêque de Séez, adressait, au mois de Mars 1895, au Président de la République :

« Je n'éprouve ici nullement le besoin, Monsieur
« le Président, d'affirmer mes préférences pour telle
« ou telle forme de gouvernement. Si la *République*
« peut procurer à mon pays l'honneur, la paix et la
« prospérité, j'applaudirai de tout mon cœur, de
« même aussi que je combattrai, dans la mesure de
« mes forces, les actes d'un gouvernement, *quelque*
« *nom qu'il porte*, quand ils seront contraires au
« droit, à la justice et à la liberté ; contraires à
« l'égalité de tous les citoyens devant la loi, quand
« elle ne blesse ni les droits de Dieu, ni les droits de
« l'humanité. En agissant ainsi, je donne satisfaction
« à ma conscience de *Chrétien*, d'*Evêque* et
« d'*honnête homme* !..... »

Nul besoin de déclarer que je partage la manière de voir du vaillant Prélat.

Et les plus ardents défenseurs de la Monarchie eux-mêmes ont souvent émis la même opinion :

Criblé de quatorze blessures, d'*Elbée* répondit aux *bleus*, dans un interrogatoire qu'on lui fit subir à l'île de Noirmoutiers, avant de le *fusiller* :

« Je jure sur *mon honneur*, que quoique je désirasse
« un gouvernement monarchique, je n'avais aucun
« projet *particulier*, et j'eusse vécu en citoyen
« paisible sous *tout gouvernement* qui eût assuré ma
« tranquillité et le *libre exercice* de la religion que je
« professe. »

Après cent ans, guidés par les Encycliques du
Saint-Père, les *Catholiques* de nos jours font encore
la même réponse.

Oui, le gouvernement qui laissera la liberté à
l'Eglise, ne m'aura *jamais* pour ennemi — le Gouvernement qui servira l'Eglise, je le servirai moi-même ;
le Gouvernement qui persécutera l'Eglise, je le
combattrai jusqu'à la mort, et nulle puissance au
monde ne saurait m'en empêcher.

Il faut donc que la République soit religieuse et
conservatrice avant tout — D'après *Plutarque*, il
serait plus facile de « bâtir une ville en l'air que de
constituer un Etat sans religion » — *Montesquieu*
disait que « les Républiques ne se soutiennent que
par la vertu » — *Platon* appelle justement heureuse
la République dont les chefs ont eu quelque souci de
l'étude de la sagesse, et *Napoléon* nous déclare lui-
même dans ses mémoires que *le plus grand service*
qu'il ait rendu à la France, c'est d'y avoir rétabli la
Religion Catholique : « Sans la religion, disait-il, où
« en seraient les hommes ? Ils s'égorgeraient pour

« la plus belle femme ou pour la plus grosse
« poire. »

Comment voulez-vous, dès lors, que notre République qui se déclare *ouvertement Athée*, qui supprime le nom de Dieu dans ses enseignements officiels, et qui foule aux pieds tous les principes religieux ou moraux qui font la force et la stabilité des Etats, puisse se soutenir longtemps encore ?... *C'est impossible* !..... Elle ne tient plus que sur des pieds d'argile — les replatrâges ministériels ne suffisent pas à la maintenir en équilibre ; un souffle suffit , et l'échafaudage devra être repris *à sa base*.....

Quant à ceux qui seraient tentés de trouver quelque peu *exagérés* les termes dont je puis m'être servi pour qualifier la Chambre des Députés dont le mandat a pris fin le 22 Juillet 1893, je me contenterai pour toute justification de leur exposer, non pas mon opinion *personnelle* — je la considère pour rien et je sais que tout ce que je pourrais dire ici, sur ce point, n'aurait pas grande portée.

At mea pro nullo poudere verba cadunt !...

Mais le sentiment des principaux organes de la presse, à cette époque :

De M. Jules Cornély, dans le *Gaulois* : « Le fait
« le plus saillant de son existence est le *Scandale du*
« *Panama*, qui atteint sa *majorité* et laisse *intacte*

« sa *minorité* — elle s'en va ou plutôt elle fuit avant
« d'oser, en discutant le rapport de sa commission,
« formuler devant le pays, ce qu'elle pense d'elle-
« même, et cette fuite est un *aveu*..... »

De M. Lagarde, de l'*Alerte :* « Cherchez dans ces
« quatre ans de législature, un acte vraiment utile
« et profitable au pays ; en dehors de la *corruption*,
« vous ne trouverez *rien* — et c'était fatal, car partout
« où des *Républicains* se trouvent en majorité, des
« scandales d'argent éclatent..... »

« Sous la défense nationale, c'étaient les emprunts
« et les concussions des fournisseurs ; à la Chambre
« de 1885, ce fut le *Wilsonisme* ; à celle de 1889,
« c'est le *Panamisme* !... Que sera-ce demain ?...

Hélas ! nous l'avons vu ce « *demain* » c'est le
Dreyfusisme.

De M. Edouard Drumont, dans la *Libre-Parole :*

« Voilà la Chambre de 1889 à *la voirie*, et on ne
« comprendrait guère qu'on se mit en frais d'indi-
« gnation à propos de cette *chose sans nom*, qui
« rebute même le fossoyeur — ce fût la plus
« ignominieuse assemblée qui ait siégé à *aucune*
« *époque* , chez aucune nation ; assemblée de
« *chéquards*, d'escrocs, de prévaricateurs, de vendus,
« de *pourris*... etc.... »

Du « Moine », dans la *Croix* : « La Chambre
« meurt dans l'incohérence finale ; elle s'en va sous
« le coup d'un immense mépris et, dans la presse,
« chacun lui lance une *insulte* pour *adieu* !... »

Voilà pour les journalistes... et nous en passons...
et des meilleurs et des plus *autorisés*..... Mais nos
mandataires eux-mêmes, que pensent-ils de leurs
collègues ?... Ecoutez l'un d'eux :

M. Maurice *Barrès*, député, se posait cette question, en parlant de la Chambre qui s'en allait :
« Sont-ce d'*honnêtes gens* qui retournent chez eux ? »
Et il répondait : « Pour ma part, je quitte aujourd'hui
« le Palais-Bourbon avec la *conviction* que l'*indéli-*
« *catesse* de notre personnel *n'est pas contes-*
« *table !*..... »

..... « Un tel et un tel n'ont d'autres ressources
« que leur indemnité de 9.000 fr. (*neuf mille francs*)
« — ils dépensent — qui, cinquante mille francs ;
« qui, quatre cent mille francs — d'où les tirent-ils ?...
« Ils les tirent des affaires qu'ils font — affaires le
« plus souvent *ténébreuses* et *louches* , affaires
« *véreuses*, dont on n'ose pas se vanter... qu'on
« dissimule.....

..... « Nous avons eu des Chambres incapables,
« des assemblées impuissantes, stériles et lâches ; il
« était réservé à la *République* de nous faire connaî-
« tre les Chambres *corrompues*..... »

Pour ne pas trop ennuyer le lecteur par des redites, nous ne continuerons pas les citations. Remarquons toutefois, en passant, que l'ancienne Chambre de 1889 ne fut pas, malheureusement, la seule composée de ces produits *frelatés* du suffrage universel, candidats *ultra-officiels*, dont *Rouvier* pouvait dire dans une mémorable séance et dans un de ses mouvements de franchise brutale dont il n'est pas coutumier :

« Si je n'avais pas *volé* l'argent du *Panama*, vous ne seriez pas ici !..... » Quel aveu !.....

On disait de Quintilius Varus, commandant des légions d'Auguste détruites en Germanie : « Qu'il était arrivé « pauvre dans la Syrie riche » et qu'il était sorti riche « de la Syrie pauvre. » Combien parmi nos *Honorables* dont on pourrait en dire autant — seuls les noms devraient être changés.

Mutato nomine
De te fabula narratur !.....

Ah ! que nous sommes loin du temps où *Rollon* faisait suspendre aux arbres des chemins les bijoux de ses sujets, pour prouver que le règne du brigandage était fini...... aujourd'hui, au contraire :

« Le brigandage est à la mode,
« Il faut voler, il faut piller ;
« C'est le moyen *le plus commode*
« De s'enrichir et de briller !.....

Voulez-vous enfin connaître l'opinion des *Fonctionnaires* de la République concernant les élus de la dernière législature ? Lisez la lettre d'un *Préfet* bien connu, que nous pourrions désigner en toutes lettres, au sujet de l'un de nos *députés* socialistes les plus en vue, dont il nous serait facile d'écrire le nom *tout au long.*

C......... le 30 Juin 1893.

« Vous êtes vraiment trop bon, mon cher ami, de
« vous irriter des *ordures* du journal du sieur F......
« J'ai déjà eu l'honneur de vous écrire que les
« outrages de cet individu que le *ruisseau* va
« reprendre, ne sauraient atteindre personne. Il est
« momentanément, il est vrai, assez qualifié pour
« qu'on puisse, à la rigueur, le toucher avec autre
« chose *qu'avec le pied*, mais vous savez que la
« lâcheté du *Maître-drôle* égale sa malpropreté.
« Laissez donc passer ; les honnêtes gens apprécie-
« ront..... »

« Cordialement à vous......... B. V... »

Nous pourrions, en outre, donner le nom de la ville où a été écrite cette lettre qui en dit bien long sur l'estime dont jouissent nos représentants socialistes, même auprès des autorités, qui *par état* devraient se croire tenus de les respecter ; nous pourrions dire le jour et l'heure où elle a été élaborée ; citer le journal qui l'a publiée et fournir bien d'autres renseignements encore, mais en voilà assez, à mon avis, pour donner une faible idée de nos *Majoritards*. On ne s'étonne pas, après cela, qu'un Ministre ait osé avouer honteusement qu'il avait puisé à pleines mains dans *l'épargne* Française ; pour avoir trop parlé, pour nous avoir dévoilé un coin du trafic immonde qui se fait au pouvoir, il a eu le triste sort de l'*Ane* de la fable ; on a crié : *Haro sur Baïhaut !* On a cru, sans doute, qu'il suffisait d'immoler ce coupable à la vindicte publique pour l'apaiser, mais on n'a trompé personne et on n'a point résolu la grande question : *Que sont devenus les millions ?*

Vraiment, quand on considère cette corruption si grande, si universelle, l'esprit se reporte instinctivement à cette époque de *honteuse mémoire*, à ces temps de décadence profonde qui préparèrent la chûte de l'Empire Romain, et où la société se trouvait divisée en deux camps aussi méprisables l'un que l'autre, les *corrupteurs* et les *corrompus*, selon l'énergique expression de Tacite : « *Corrumpere et corrumpi sœculum vocatur.* »

Devant une situation pareille, l'indignation ne trouve plus de mots pour, s'exprimer. Elle en est toujours réduite à cette simple interjection :
Canailles !

Tout est donc fini !... diront peut-être quelques caractères pusillanimes — *ah ! non*, tout n'est pas fini !... De même que les ténèbres les plus épaisses devancent l'aurore et le retour de la lumière, de même la *réaction* ne va pas tarder à s'opérer — Nous sommes, Dieu merci, sur une terre Française, gardienne de l'honneur, génératrice de la loyauté, et les extravagances de nos sectaires — *si singulières soient-elles* — et les turpitudes de nos représentants impies n'arrêteront pas l'indignation toujours croissante des gens de cœur et de foi.

Oui, le régime qui provoque, qui autorise et qui protège toutes les insanités et toutes les ignominies dont nous sommes depuis trop longtemps les témoins bénévoles et attristés, est un régime *condamné et fini* : les idées de réparation, les saines doctrines conservatrices et religieuses, en dépit des innombrables entraves qu'on leur oppose, font tous les jours du chemin, *lentement* mais *sûrement*, comme le disait, dans un sens *bien différent*, le *Grrrand* Pontife de l'opportunisme, feu Léon *Gambetta*, et après lui ses dignes acolytes..... Spuller et *tutti-quantt*......

La République, telle que nous l'ont faite les *loges* et la *Synagogue*, est aujourd'hui remplie, selon le mot vengeur de l'illustre historien de Rome, d'une infinité d'hommes criblés de dettes et couverts de crimes — *œro alieno et vitiis obruti*. — La députation (nous l'avons vu déjà) est pour un très grand nombre une véreuse industrie et la liberté une plaisanterie sinistre... La domination de *Marianne* en est arrivée à un degré de pourriture tellement avancé, qu'il ne manque plus que la légendaire *chiquenaude* du docteur Ricord pour la faire tomber..... Depuis longtemps nous assistons au spectacle terrible de Ministres se détachant comme des *sangsues* repues du cadavre de la République ; ceux qui y restent encore attachés tomberont bientôt comme les *vers* d'un corps où il n'y a plus rien à manger... *C'est le détachement des choses mortes.*.....

Enfin, une République où nos. Francs-Maçons jettent, chaque jour, au chien populaire, l'os *clérical* à ronger, pourra bien être leur république, *à eux*... mais cette république maudite et détestée de tout ce qu'il y a d'honnête et de loyal en France, ne sera *jamais* la nôtre !.....

Quel est donc le remède au mal affreux qui nous ronge ?... Le voici : Que l'*Etat* reste sur son terrain ; il n'a pas à craindre que l'*Eglise* vienne jamais l'inquiéter. L'Eglise et l'Etat (je parle, ici, au point de vue purement temporel) sont deux sociétés parfaitement *indépendantes*, marchant par des voies différentes vers un but également distinct. L'Eglise connaît ses limites, elle les défend, et si elle ne peut pas toujours se protéger contre *d'injustes* empiètements, elle ne s'en permet jamais aucun. Elle laisse aux peuples la *liberté* de se donner les institutions qui, *tout droit sauvegardé*, leur semblent mieux répondre à leurs besoins et à leur caractère national ; elle ne repousse *aucune forme de gouvernement* et approuve toutes celles qui respectent la Religion et les lois de la Morale Chrétienne.

Etre à Dieu, c'est donc pour la France le seul moyen d'exister.

Voyez ce qu'ont fait d'elle depuis cent ans seulement les partis politiques. Les gouvernements ont passé comme on voit à la Cathédrale de *Strasbourg*, à l'heure de midi, les Apôtres passer devant le Sauveur. Ils sortent l'on ne sait d'où, emboitent le pas l'un de l'autre, puis disparaissent on ne sait où — seulement, les Apôtres *s'inclinent* devant le Maître — *Voilà l'ordre* — tandis que nos gouvernants affectent de lui tourner le dos — *Voilà le désordre !*.....

Et ils disparaissent, ces gouvernements provisoires, sans que depuis *Robespierre* jusqu'à Ravachol, Vaillant et *Henry* aucun ait pu prendre racine.

Passez donc, ô gouvernants, passez — nous n'attendons pas plus de vos successeurs nés des mêmes intrigues, arrivés par les mêmes moyens et pour le même but, que nous n'avons espéré de vous. Avec les retardataires, les dormeurs, les chéquards, les jouisseurs et les pourris vous répétez sans cesse le dégradant et inepte adage — « *Après nous le déluge !.....* » Nous disons, nous — « *Après nous la Résurrection !..... »*

L'avenir de la France est à Dieu ; préparons une génération d'âmes *fortes*, par qui le salut s'opérera — après nous et par nous, *la Résurrection*, si elle ne peut pas s'opérer avec nous !.....

Il s'agit d'un peu d'énergie, d'un peu de *vouloir*. La France, cette grande endormie, revivra quand ses fils penseront et vivront chrétiennement ; elle sera à Dieu quand nous saurons et que nous voudrons la lui conquérir !.....

Voulez-vous me permettre, en passant, de vous tracer, d'après *Balzac* (scènes de la vie de province) le portrait véritable de nos politiciens *sans-Dieu*, et par une conséquence nécessaire *sans-Patrie* ; écoutez ce profond observateur, parlant de l'un de ces êtres *monstrueux* qui existaient déjà de son temps.

« M. X..., dit-il, n'avait pas de drapeau politique :
« le blanc, le rouge, le bleu... *des loques !.....* La
« guerre, une spéculation qui fait baisser les fonds ;
« la paix, une autre spéculation à la hausse ; la
« politique, une affaire, une roulette qu'il faut
« observer pour se mettre du côté de ceux qui ont la

« veine. Quant à la Religion, il ne s'en occupait
« point, n'avait aucune sympathie pour le Prêtre...
« c'était un état *comme un autre*, provenant d'un
« goût particulier inhérent à certaines natures. En
« somme, l'humanité à ses yeux était une *ménagerie*
« composée de quelques animaux féroces, de beau-
« coup de singes et d'un nombre incalculable de
« dindons ; l'habileté consistait à éviter la dent des
« fauves, à s'amuser des singes et à *plumer les*
« *dindons.* »

Voilà, ce me semble, l'un des portraits les plus
ressemblants de nos *prétendus* grands-hommes du
jour.

Quant aux politiciens de *bas étage*, ce type
nouveau qui se rencontre, hélas ! partout, à notre
malheureuse époque, même dans les plus modestes
villages, M. Pailleron, de l'Académie Française, le
spirituel auteur parisien, dans le discours qu'il
adressait à M. Halévy, en a tracé le portrait suivant :

« Selon moi, cet ambitieux de club et de faubourg,
« ce petit *Machiavel* des Batignolles, cet être inclas-
« sable, inconnu, d'origine vaseuse, me paraît être
« l'embryon et comme le *têtard* de cette espèce
« pullulente de politiciens infimes que l'ébranle-
« ment de nos dernières commotions fait encore, de
« temps à autre, monter brusquement du fonds à la

« surface. Gens ignorés et ignorants, mais âpres,
« mais faméliques, *prêts à tout faire* parce qu'ils ne
« font rien, à être tout parce qu'ils ne sont rien, à
« tout prendre parce qu'ils n'ont rien et qui jugeant
« sainement que le pouvoir est encore, aujourd'hui,
« ce qu'il y a de plus facile à prendre et de *plus*
« *profitable* à garder, sans autres droits que leurs
« appétits, sans autres convictions que leurs convoi-
« tises, aimant leur pays comme la *sangsue* aime le
« malade, finissent par avoir leur part de leur
« gouvernement et entrent aux affaires comme on
« entre *dans les affaires.* »

Et dire que les plumes qui ont tracé ces petits
chefs-d'œuvre, d'une ressemblance si frappante, ne
sont pas des plumes *Cléricales !....* Jugez un peu
si c'était.....

Qu'on ne m'accuse donc pas d'être *trop dur*, trop
sévère dans l'expression de mon indignation ; non
seulement les grands journalistes, les députés et les
fonctionnaires eux-mêmes ont des mots *plus cruels* et
se servent de termes bien plus énergiques que les
miens pour qualifier l'époque désastreuse où nous
vivons, mais si nous voulons puiser à une source
plus autorisée, si nous ouvrons le livre par excel-
lence, *l'Evangile*, nous le trouvons en beaucoup
d'endroits écrit avec une encre bien caustique aussi,
pour qualifier les tristes précurseurs des sectaires de
nos jours : « Race de vipères !... « *Progenies vipe-*

rarum... » C'est ainsi que St-Jean Baptiste appelle les juifs d'alors, dont les juifs *de maintenant* n'ont point dégénéré — *toujours les mêmes, ces Juifs !*... « *Renard* » c'est la dénomination que donne le Maître à Hérode — « dicite *vulpi illi...* ». — « *Voleurs* » les marchands du temple — « *speluncam latronum...* etc... etc.... Et le reste, comme dans le nouveau testament.....

C'est ainsi que le Divin Crucifié traitait les scribes et les pharisiens de son temps ; il allait même plus loin, il n'hésitait pas à *saisir les verges* pour fustiger jusqu'au sang ces indignes trafiquants et à les chasser comme de vrais *Panamistes* ou de véritables *Dreyfusards !*.....

Il me semble que mon encre est, tout de même, un peu plus détrempée que l'encre *Evangélique*.....

Je ressens un amer plaisir, je l'avoue, à écrire ces choses ; je sais bien qu'en les consignant ici je n'empêcherai rien, et que le public, si jamais il vient à les lire, ne s'en indignera que faiblement, le ressort de l'indignation étant depuis longtemps usé chez lui par *l'habitude*..... N'importe !... cela soulage la conscience, et je sens qu'il est bon de fixer, ne fût-ce que sur une feuille *éphémère*, le souvenir des imfanies dont notre temps a été le triste et malheureux témoin.....

Courage cependant, ne désespérons pas ; on croyait déjà tout fini, dirons-nous en terminant, après Robespierre et Voltaire ; tout fini après Luther et Calvin ; tout fini après Photius et Arius ; on a même cru tout fini après Hérode et *Pilate*..... et *cependant*.....

Voilà les observations et les réserves que j'ai tenu à formuler avant de clôturer ces pages afin que personne ne puisse se méprendre sur mes véritables intentions et mes idées *personnelles*.

Toutes les réflexions qui précèdent semblent m'avoir singulièrement éloigné, non pas précisément de mon sujet, car elles rentrent complètement dans le *cadre* de mes impressions et souvenirs du voyage à Fontfroide, et je ne crois pas inutile, assurément, tout ce que j'ai dit et tout ce que ce vaste sujet m'a inspiré, mais elles m'ont un peu distrait de mon pieux compagnon, de mon cher *Soldat-Trappiste* ; revenons enfin à lui, ne serait-ce qu'un instant, pour lui serrer cordialement la main et lui faire nos *Adieux*.....

Après trois jours seulement de retraite à l'Abbaye, il quitta, pénétré d'émotion et profondément édifié, cette bienheureuse résidence ; il partit pour *Frontignan*, son pays natal, où devait se terminer son congé, le 22 Octobre. A cette date, il allait réjoindre son régiment et reprendre le poste de confiance qu'il occupait auprès de son *colonel*, qui l'honore d'une estime toute particulière et dont il est le *secrétaire* depuis quelque temps déjà.

Aux divers et nombreux mérites qui se réunissent en lui, il convient d'ajouter le don de la *Poésie :* il avait commencé d'écrire un petit poëme sur son pélerinage à Fontfroide, qu'il devait terminer plus tard : il me promit de me l'envoyer. De mon côté, je lui fis part du projet que j'avais *déjà formé* de conserver, au moyen de quelques pages *modestes* et *simples*, le souvenir de notre séjour dans cette pieuse maison — il me fit promettre de les lui adresser quand elles seraient terminées — je le lui promis, car quoique ne nous connaissant que depuis quelques jours à peine, nous étions déjà de *Vieux Camarades* — Le temps qui est nécessaire, en effet, à la formation des amitiés intéressées, dans certains milieux et chez une certaine catégorie de personnes, ne l'est *nullement* dans les conditions et les circonstances où nous nous trouvions alors ; les cœurs s'ouvrent sans défiance, ils se soudent de suite et tout naturellement parce qu'il n'y a pas *d'intérêt* soupçonné sous les sentiments ; je sentais son âme se prendre à la mienne, si je puis m'exprimer ainsi..... Quand les sympathies sont complètes, il ne faut pour établir un lien solide, que le temps nécessaire *pour se deviner*..... c'est ce qui nous est arrivé.

Il me donna sa carte et son nom de famille que je ne *connaissais pas* encore, et enfin nous nous séparâmes, conservant et caressant au fond du cœur le doux espoir de nous rencontrer peut-être un jour, si jamais l'envie me prend de voyager et que mes *faibles* ressources me permettent de pousser mes excursions jusques au Monastère de *Notre-Dame d'Aiguebelle.*

Puissé-je, avec la grâce de Dieu, réaliser *tôt* ou *tard* ce pèlerinage si cher à mon cœur !.....

Amen !!!...

P. E. S.

Habent sua fata libelli !..... Quel sera le sort de ces modestes pages ?..... Dieu seul le sait....; Pour moi, je l'avoue humblement, j'ai été bien souvent tenté de recommander à mon imprimeur d'employer du papier très fort et rebelle au pliage, pour n'avoir pas — bientôt peut-être — la cruelle déception de racheter, par hasard, un jour, chez l'épicier du coin, un de mes feuillets transformé en cornet de poivre, pour ne l'avoir pas suffisamment saturé de *sel.*

LE CATÉCHISME

Docete omnes gentes.....
Enseignez toutes les nations.....
(St-Math. C. 28, V. 19)

Il est un petit livre enseigné dès l'enfance,
Livre qu'en bégayant, dans l'âge d'innocence,
Nous ayons tous appris sans l'avoir étudié,
Mais que peut-être, hélas ! nous avons oublié !.....
Livre qu'en souriant, la mère de famille
Pieusement enseigne à son fils, à sa fille,
Et que chacun de nous commença d'épeler,
Avant de savoir lire, écrire ou calculer ;
Livre des ignorants et livre des habiles,
Résumé de la bible et des Saiuts Evangiles,
Qui renferme du Christ les pieux enseignements,
Et de Moïse aussi les dix Commandements,
La doctrine des Saints, des Docteurs, des Apôtres,
Depuis les temps anciens aux temps qui sont les nôtres ;
Sur lequel à l'Eglise on nous interrogeait
Alors que sur nos fronts la candeur se lisait ;
Ce livre qui combat l'Impiété, le Schisme,
Vous l'avez reconnu, c'est... l'humble catéchisme !.....
. Précieux petit livre !.....
Prenez, interrogez, lisez..... vous trouverez
Dans ses feuillets sacrés, ce que vous désirez :
Il a réponse à tout... d'exception... aucune ;
Dans sa forte doctrine, il n'est point de lacune !.....

La simple question, le problème élevé
Par lui sont résolus, tout doute est enlevé.
Demandez à l'enfant qu'est ce que Dieu le Père,
Le fils, le Saint-Esprit ou la Divine Mère ?
Avant cet univers qu'est-ce qui subsistait ?
Il prend son Catéchisme..... aussitôt il le sait ;
Poursuivez ; demandez d'où vient l'espèce humaine ?
Il le dit ; où va-t-elle ?... Il sait que Dieu la mène
Au gré de ses desseins. Demandez à l'enfant
Jeune encor, tout petit, simple et pauvre innocent,
Pourquoi Dieu l'a créé, ce qu'il fait en ce monde ?
Si, quand il sera mort, comme une secte immonde
Voudrait l'insinuer, avec lui tout est mort ?
Il répond aussitôt... mais calme, sans effort.....
Sa réponse sublime, il l'ignore peut-être,
Contient en raccourci tout le dogme de l'Etre !....
Demandez-lui comment le Monde fût créé,
Dans quel but, et par qui ?..... Pourquoi dans sa bonté,
Dieu fit les animaux, les plantes, la lumière ;
Quelle est et l'origine et la cause première
De ce que nous voyons ?... N'ayez crainte... il le sait,
Eclairé par celui d'où vient tout don parfait !.....
Qui créa le soleil et qui créa la lune ?...
Redoublez vos questions... il répond à chacune ;
Il sait que ce qu'on voit en ce monde enchanteur,
Pour l'homme y fût placé par un Dieu créateur ;
Poursuivez, demandez qui peuple cette terre ;
Est-ce un homme, une femme, un couple solitaire
Ou plusieurs à la fois ?..... Pourquoi l'homme ici-bas,
Diffère en son langage ?... Il ne s'étonne pas ;

Il le sait ; il répond : il peut vous dire même
D'où nous vient la douleur ; comment on souffre, on aime ;
D'où vient le désaccord, la haine, le mépris ;
Comment tout finira, quand et dans quel pays !......
            Précieux petit livre !
Origine du monde, origine des races :
De notre espèce humaine il suit partout les traces,
De l'homme en ce bas-monde, il sait quel est le sort,
Et ce que l'on devient aussitôt qu'on est mort.
Il connaît les rapports de l'âme à Dieu le Père,
Et de notre existence il apprend le mystère
A qui veut réfléchir... il dicte les devoirs
De l'homme à son semblable et fixe les pouvoirs
Du roi de la nature envers ses créatures,
Par des instructions aussi simples que sûres.
Les Sacrements divins, les péchés Capitaux.
Ces fléaux des humains, cause de tous nos maux,
Et l'Enfer et le Ciel, et ce lieu de disgrâce
Où les Justes expient... chez lui, tout à sa place.
Le dogme et la morale étalés à ses yeux,
Pour lui n'ont rien d'obscur quoique mystérieux.
Sa foi vive et candide et sa raison naissante
Admettent le mystère et ce qu'il représente
Soumise au Créateur, notre faible raison
Doit fléchir devant Dieu... croire... et baisser le ton.
Du bien comme du mal il connaît l'origine,
On le dirait doué d'une science divine !...
Non, il n'ignore rien..... et quand, grandi, plus tard
Il voudra discourir sur la beauté, sur l'art,
Sur le droit naturel ou le droit politique,

Le fameux droit des gens, le droit théologique,
Il n'hésitera pas, car tout cela ressort,
Découle avec clarté, par un simple rapport
Et comme de soi-même ainsi que d'une source,
De tout ce qu'il apprit... Oh ! l'heureuse ressource
Qu'il doit au Catéchisme, ouvrage vénéré,
Qu'il récitait enfant... et qu'il a conservé !...
       Précieux petit livre ! ..
De l'antique sagesse il dépasse les cîmes,
Et confond à jamais les doctrines sublimes
Qu'ont enseigné, jadis, les sages tant vantés
De la Gréce et de Rome, aux peuples étonnés !...
Ils n'avaient qu'entrevu la vérité divine,
Mais pour nous... tout entier l'horison s'illumine !...
Nous pouvons affirmer avec juste raison
Que Socrate le Grec, le Romain Cicéron
N'ont jamais rien trouvé d'égal, de comparable
A tout ce que contient ce livre inimitable.....
Redisons donc sans-cesse, avec un Saint Amour :
Platon c'est le flambeau !... Mais le Christ !... C'est le jour !...

F. S.

TABLE DES MATIÈRES

PRÉFACE